Nossrat Peseschkian

Das Leben ist ein Paradies

Nossrat Peseschkian

Das Leben ist ein Paradies

zu dem wir den Schlüssel finden können

HERDER

FREIBURG · BASEL · WIEN

Neuausgabe 2009

© Verlag Herder GmbH, Freiburg im Breisgau 2004
Alle Rechte vorbehalten
www.herder.de

Umschlagkonzeption und -gestaltung:
R·M·E Eschlbeck / Botzenhardt / Kreuzer
Umschlagmotiv: © Gettyimages / Howard Bjornson

Herstellung: fgb · freiburger graphische betriebe
www.fgb.de

Gedruckt auf umweltfreundlichem, chlorfrei gebleichtem Papier
Printed in Germany
ISBN 978-3-451-07087-7

Inhalt

Zur Einstimmung

Erst das Ziel, dann der Weg

Wer das Ziel kennt,
kann entscheiden, wer entscheidet,
findet Ruhe, wer Ruhe findet,
ist sicher, wer sicher ist,
kann überlegen,
wer überlegt,
kann verbessern.

(Aus dem Orient)

Einführung

Erstmals kehrte ein Sohn, der an der Universität Philosophie studiert hatte, nach Hause zurück. Der Vater bereitete ihm einen herzlichen Empfang und ein gutes Essen. Wein wurde getrunken, und der Vater sagte: „Was hast du an der Universität studiert, mein Sohn?" „Philosophie!"

„Und was ist sie dir nütze, die Philosophie?"

„Oh, die Philosophie ist zu vielem nütze", erwiderte der junge Mann. „Nimm zum Beispiel diesen gebratenen Hahn. Für gewöhnliche Menschen ist es nur ein gewöhnlicher, ein konkreter Hahn. Für uns Philosophen jedoch sind es zwei Hähne, ein konkreter und ein abstrakter Hahn."

„Ich hätte nicht gedacht, dass die Philosophie so nützlich ist", sagte der Vater darauf. „Gut, machen wir es so: Ich esse den konkreten Hahn, und du verspeist den abstrakten."

Menschen haben unterschiedliche Wertvorstellungen und -maßstäbe. Sie prägen unser Leben und sind oft Ursache für Missverständnisse. Sie hängen ab vom Alter, vom Geschlecht, von persönlichen Erfahrungen, der Ausbildung, der sozialen Schicht, der sozialen Umgebung, der philosophischen, weltanschaulichen oder religiösen Einstellung, der politischen Meinung und der situationsabhängigen Stimmung. Verschiedenen Menschen ist Unterschiedliches wichtig: Man misst etwas an seinem Geldwert, an seinem Seltenheitswert, an seinem Gebrauchswert, an seinem Prestigewert oder an seinem Gefühlswert. Diese Unterschiede führen oft auch zu zwischenmenschlichen Konflikten. Besonders anfällig für solche Konflikte sind Menschen, die feste Wertmaßstäbe besitzen, sie für unwandelbar halten und dann mit Menschen konfrontiert werden, die andere Wertmuster vertreten. Weiterhin entstehen Probleme dort, wo Wertmaßstäbe innerhalb sozialer Beziehungen im Wandel begriffen sind. Wir stehen diesen unterschiedlichen und sich ändernden Bewertungen oft hilflos gegenüber und setzen unsere Ratlosigkeit nicht selten in Aggression um. Es geht also darum, flexibel zu reagieren, zu den eigenen Vorstellungen eine überraschende Perspektive zu gewinnen, von der auch die anderen Menschen profitieren.

Ein Vierzigjähriger, der eine Zwanzigjährige geheiratet hat, auf die Frage, ob sich der Altersunterschied nicht störend bemerkbar mache: „Keineswegs. Wenn ich meine Frau anschaue, fühle ich mich zehn Jahre jünger. Wenn meine Frau mich anschaut, fühlt sie sich zehn Jahre älter. Also fühlen wir uns beide wie dreißig."

Erfahrungen zeigen, dass sich unsere Probleme, Konflikte und Schwierigkeiten – bei genügend Aufmerksamkeit und genauer Beobachtung – im Wesentlichen vermeiden oder zumindest behandeln oder beheben lassen. Ist das nicht möglich, so liegt das zuerst und zunächst an unserer inneren Einstellung: Sie hindert uns, die Probleme, die aus der Umwelt auf uns zukommen, objektiv zu sehen. Die Folge: wir können Enttäuschungen aus unserem persönlichen Bereich oder aus unserer weiteren Umgebung nicht angemessen verarbeiten, entwickeln

Schuldgefühle oder stellen den anderen als Sündenbock hin.

Ein älterer Mann meinte: „Wie oft habe ich mich zum Narren gemacht, nur um zu beweisen, dass ich kein Idiot bin!"

Wir können lernen, mit Missverständnissen auch positiv umzugehen.

Gerade im Verhältnis zwischen den Generationen zeigt sich die Relativität der Werte. Besonders deutlich wird dies, wenn Erwachsene einem Kind etwas schenken, was sie selbst für sehr wertvoll halten, das Kind aber ein anderes, billigeres Spielzeug lieber mag.

Eine 32-jährige Mutter erzählt zum Beispiel von erheblichen Dissonanzen mit ihren Schwiegereltern. Diese überhäufen das Enkelkind seit Jahren mit Spielzeug: „Ich weiß nicht, wohin mit den Spielsachen. Die denken gar nicht daran, etwas Praktisches wie Kleidungsstücke zu schenken. Das macht mich wahnsinnig."

Bei Nachfragen wird deutlich, dass der

Schwiegervater während der Kindheit seines Sohnes im Krieg war und nicht mit ihm spielen konnte. Dies versuchte er gewissermaßen dadurch nachzuholen, dass er seinem Enkel Spielzeug schenkte. Das Spielzeug besitzt also für Mutter und Schwiegervater andere Bedeutung: für die eine bedeutet es eine Belastung und für den anderen eine Entlastung.

Macht man sich solche Ursachen klar, dann kann man die Dinge mit anderen Augen sehen.

Lehrer: „Du hast in deiner Hosentasche sechs Euro. Einen Euro verlierst du. Was hast du dann?"
Schüler: „Ein Loch in der Hosentasche."

Lerne zu unterscheiden zwischen eigenen und fremden Motiven. Schließe nicht von dir auf andere, sondern frage nach den Motiven.

Wir wollen in diesem Buch versuchen, auf folgende Fragen einzugehen:

Was ist das Leben?
Was sind Paradies und Hölle?

Was ist der Schlüssel?
Wie können wir den Schlüssel finden?

Ein wichtiger Ansatz zu meiner Arbeit als Psychotherapeut ist, die intuitiven Gedanken des Orients mit den neuen Methoden des Okzidents zu verbinden. Geschichten und Lebensweisheiten werden gezielt im Beratungsprozess eingesetzt.

Sie machen deutlich, wie wir von anderen Kulturen lernen können durch Geschichten, Lebensweisheiten und Humor. Sie sind wie eine Oase der Entspannung.

Humor ist die Fähigkeit, heiter zu bleiben, wenn es ernst wird.

In diesem Buch stelle ich Ihnen einige Beispiele aus diesen Begegnungen vor. Denjenigen, die sich für eine umfassende Darstellung von Geschichten und der Positiven Psychotherapie interessieren, empfehle ich das Buch „Der Kaufmann und der Papagei" und „Es ist leicht, das Leben schwer zu nehmen, aber schwer, das

Leben leicht zu nehmen" und „Klug ist jeder,
der eine vorher, der andere nachher" sowie
„Wenn du willst, was du noch nie gehabt hast,
dann tu, was du noch nie getan hast".

Wenn ein Arzt seinen Patienten
gute Geschichten erzählt,
dann braucht er halb so viel Narkosemittel.
(Sauerbruch)

Frau Vera Hickmann, Diplom-Pädagogin, danke
ich für die sorgfältige Schreibarbeit und Anregungen. Herrn Kollegen und Mitarbeiter Dr.
med. Arno Remmers und meinem Sohn Dr.
med. Hamid Peseschkian bin ich für die kritische
Durchsicht des Manuskriptes dankbar. Meine
Frau Manije Peseschkian hat mir bei der Entwicklung der Geschichten viel geholfen. Dieses
Buch wurde von Dr. Karin Walter vom Verlag
Herder angeregt und betreut, die mir immer
wieder half, das richtige Maß zu finden.

Es ist nicht wenig Zeit, was wir haben,
sondern es ist viel, was wir nicht nützen.

Das Paradies suchen – Energie aktivieren

Es gibt keinen Fahrstuhl zum Glück.
Man muss die Treppe nehmen.

Dem Glück auf die Sprünge helfen

Wir können eine Eisenstange benutzen, um daraus eine gewisse Zahl Hufeisen herzustellen. Durch den Verkauf kann man eventuell den eingesetzten Betrag vervierfachen.

Wenn wir aber dieselbe Eisenstange zur Weiterverarbeitung geben und sie schließlich in einer Mechanikerwerkstatt für die Herstellung von Nadeln landet, können die Produkte um das Fünfzigfache des Ursprungspreises Gewinn bringen.

Dient die Eisenstange aber als Ausgangsprodukt für feine Uhrfedern einer Schweizer Uhrenmanufaktur, kann sich der Wert tausendfach steigern.

Der Wert unserer Zeit, die wir im Leben zur Verfügung haben, ist mit der Eisenstange vergleichbar. Es kommt darauf an, was für ein Endprodukt wir mit unserem Energieaufwand im Leben anbieten.

Energiereserven finden

Nach dem Sinn des menschlichen Lebens zu fragen, heißt auch, nach seinem Ursprung und nach seinem Ziel zu fragen. In diesem Zusammenhang fragen wir uns auch immer wieder neu: Was ist das Wesen des Menschen? Ist er gut oder böse? Ist er in seinen Entscheidungen frei? Gibt es eine Erfüllung für seine Sehnsucht nach Glück? Hat er Einfluss auf das Schicksal der Menschheit? Ist mit dem Tod alles zu Ende?

Manche Menschen fallen gerade dadurch auf, dass sie sich auf sich selbst zurückziehen und auf die Zuwendung und das Mitgefühl der anderen warten. Sie befinden sich in der Rolle des Nehmenden, ohne dass sie selbst in der Lage wären, zu geben. Oft sind sie zu erschöpft dazu. Hinter dieser Erschöpfung verbirgt sich eine nicht unerhebliche Selbstheilungstendenz: Man vermeidet äußere Anforderungen und erreicht dadurch eine vorübergehende Stabilisierung des inneren Zustandes. Auf den ersten

Blick erscheint ein solcher Mensch tatsächlich „energiearm". Häufig fehlt es ihm sogar an der Kraft, seine täglichen Belange zu ordnen. Doch auch diese seelische Befindlichkeit, in der zusätzliche Anstrengungen vermieden werden, erfordert einen relativ großen Energieaufwand. Zeichen dafür sind die Zeit, die ein Mensch aufbringt, um über sein Problem nachzugrübeln, mit anderen über seine Krankheit zu sprechen, und die Verbissenheit, mit der er Schuldgefühle, festgefahrene Haltungen und Überzeugungen verteidigt. Oft kann es helfen, sich ein paar einfache Fragen zu stellen, um neue innere Energiequellen zu finden.

- Was würden Sie jetzt tun, wenn Sie keine Ängste, Depressionen und Probleme mehr hätten?

- Stellen Sie sich vor, alle Ihre derzeitigen Sorgen und Nöte wären gegenstandslos, Sie wären frei und unbeschwert. Was würden Sie tun?

- Was ist Ihr sehnlichster Wunsch, welche Ihre kühnste Phantasie?

- Haben Sie ein Idealbild von sich selbst oder ein Vorbild, dem Sie nacheifern?

- Stellen Sie sich vor, Sie sind alt und fühlen, dass Sie bald sterben müssen. Was wollen Sie vollbracht haben? Auf was für ein Leben wollen Sie in Ihrer Sterbestunde zurück-blicken?

- Wie bereiten Sie sich auf Ihren Tod vor?

- Wie stellen Sie sich den Zustand nach Ihrem Tod vor?

- Sind Sie der Meinung, dass Sie allen wichti-gen Dingen Ihres Lebens genügend Zeit ein-räumen?

- Wofür wenden Sie sehr viel Zeit auf (für Gesundheit, Beruf, Familie oder Zukunft und Phantasie)?

● Wofür hätten Sie gerne mehr Zeit?

Lass dich nicht gehen,
gehe lieber selbst.

Kräfte richtig einsetzen

Ein König musste einen wichtigen Posten beset-
zen. Um den richtigen Mann dafür zu finden,
stellte er den Hofstaat auf die Probe. Kräftige
und weise Männer umstanden ihn in großer
Menge.

„Ihr weisen Männer", sprach der König,
„ich habe ein Problem, und ich möchte sehen,
wer von euch in der Lage ist, dieses Problem zu
lösen." Er führte die Anwesenden zu einer Tür
mit einem riesengroßen Türschloss, so groß, wie
es keiner je gesehen hatte. Der König erklärte:
„Hier seht ihr das größte und schwerste Schloss,
das es in meinem Reich je gab. Wer von euch ist
in der Lage, das Schloss zu öffnen?"

Ein Teil der Höflinge schüttelte nur vernei-
nend den Kopf. Einige, die zu den Weisen zähl-
ten, schauten sich das Schloss näher an, meinten aber, dass die Aufgabe für sie zu schwierig
sei. Als die Weisen sich so geäußert hatten, war
sich auch der Rest des Hofstaates einig, dass
dieses Problem unmöglich zu lösen sei. Nur ein

Wesir ging an das Schloss heran. Er untersuchte es mit Blicken und Fingern, versuchte, es auf die verschiedensten Weisen zu bewegen und zog schließlich mit einem Ruck daran. Und siehe, die Tür öffnete sich. Sie war nur angelehnt gewesen und das Schloss nicht ganz zugeschnappt. Es bedurfte nichts weiter als des Mutes und der Bereitschaft, dies zu begreifen und dann beherzt zu handeln.

Der König sprach: „Du wirst die Stelle am Hof erhalten, denn du verlässt dich nicht nur auf das, was du siehst oder was du hörst, sondern setzt selbst deine eigenen Kräfte ein und wagst, etwas auszuprobieren."

Jeder Mensch übernimmt unwillkürlich von seiner Umgebung, Familie, Mitschülern und Lehrern nicht nur technische Fertigkeiten, sondern auch das meiste von dem, was man als Lebensauffassung oder Weltanschauung zu bezeichnen pflegt. Die Urteile, die man sich über die Menschen, über die wirtschaftlichen Zustände, über den Staat, die Politik und Religion allmählich zurechtmacht, richten sich in der Hauptsache nach dem, was man in seiner Umgebung zu sehen und zu hören bekommt. Das gilt auch dann noch, wenn man sich in bewusstem Gegensatz zu seiner Umgebung entwickelt. Unterschiede in lebensgeschichtlichen, familiären und kulturellen Bedingungen führen zu einer unterschiedlichen Entwicklung. Es ist wichtig zu wissen, dass die Gesellschaft als wesentlicher Träger bewertender und beurteilender Verhaltensnormen wirkt. Verschiedene Gesellschaften zeigen unterschiedliche Wertmaßstäbe. Diese sind wiederum abhängig von der jeweiligen Zeit. Und auch innerhalb einer Gesellschaft variieren die Wertvorstellungen je nach der Gruppe, der man sich zugehörig fühlt. In der heutigen Zeit scheint es keine allgemein verbindlichen Kriterien für die Richtigkeit eines Wertmaßstabes zu geben. Ähnlich wie sich Kulturen unterscheiden, unterscheiden sich auch die Menschen in ihnen. Es unterscheiden sich Interessengruppen, Familiengruppen, Generationsgruppen und Geschlechter. Es unterscheiden sich aber auch die Einzelmenschen untereinander.

Im überfüllten Bus tippt eine ältere Frau einen sitzenden jungen Mann auf die Schulter: „Gestatten Sie, dass ich Ihnen meinen Stehplatz anbiete?"

Wir müssen uns immer wieder neu orientieren, gerade auch dann, wenn wir eine frühere Lebensaufgabe verlieren:

Eine 52-jährige Hausfrau litt unter starken Depressionen, Angstzuständen, und wusste, wie sie immer wieder betonte, mit ihrem Leben nichts mehr anzufangen: „Ich habe das Gefühl, dass alles sinnlos und leer ist. Ich bin vollkommen ausgebrannt." Im Gespräch ergab sich, dass die Patientin bisher zweimal ernsthaft versucht hatte, sich das Leben zu nehmen. Es stellte sich folgendes heraus:

Die Frau hatte drei Kinder, die sie nach dem Tode ihres Mannes vor zwanzig Jahren allein aufgezogen hatte. Den Kindern zuliebe hatte sie darauf verzichtet, sich erneut an einen Mann zu binden. Im Laufe der Zeit waren alle drei Kinder aus dem Elternhaus herausgewachsen und hatten an anderen Orten eine eigene Familie

gegründet. Nun hatte die Frau ihre Lebensaufgabe, die Kinder, „verloren" und konnte keinen
geeigneten Ersatz finden. In dieser Situation
empfand sie sich als überflüssig, ihr Leben als
sinnlos und die Welt als ungerecht.

Sie fühlte sich nur bestätigt in der Beziehung
zum „Du" der Kinder und im Zustand des
„Wir" in der Familie. Das eigene Ich und andere
Möglichkeiten der Liebesfähigkeit sind in ihrem
Leben bisher zu kurz gekommen. Dies führte sie
in eine scheinbar ausweglose Situation. Es
kommt immer wieder darauf an, neue Möglichkeiten zu entdecken und die eigenen Fähigkeiten neu zu aktivieren.

*Willst du das Land in Ordnung bringen, so musst
du zuerst die Provinzen in Ordnung bringen,
willst du die Provinzen in Ordnung bringen, so
musst du zuerst die Städte in Ordnung bringen.
Willst du die Städte in Ordnung bringen, so
musst du zuerst die Familien in Ordnung bringen.
Willst du die Familien in Ordnung bringen, so
musst du zuerst dich selbst in Ordnung bringen.
(Aus dem Orient)*

Es liegt in Eurer Hand

Im Orient lebte ein alter weiser Mann. Er war beliebt im ganzen Lande, und wann immer einer seiner Mitmenschen Sorgen hatte, ging er zu ihm, um Rat zu holen. Denn der alte, weise Mann konnte aus einer reichen Lebenserfahrung schöpfen und gab stets guten Rat. Dies wiederum machte einige seiner Mitbürger neidisch, die selbst gern für klug und weise gehalten worden wären. Sie beschlossen dem alten Mann eine Falle zu stellen. Aber wie?

Nach längerem Nachdenken kam man auf folgende Idee: Man wollte ein winziges Vögelein fangen, es dem alten Mann in der geschlossenen Hand präsentieren und ihn fragen, was sich in der Hand befinde. Sollte der alte Mann wider Erwarten die Frage richtig beantworten, so würde er mit Sicherheit an einer weiteren Frage scheitern, nämlich der, ob es sich bei dem Vögelein um ein lebendes oder ein totes handele. Würde er nämlich sagen, es handele sich um ein lebendes, so könne man die Hand zudrücken, und das Vögelein sei tot. Würde er hingegen sagen, es handele sich um ein totes Vögelein, so könne man die Hand öffnen und das Vögelein wegfliegen lassen.

So vorbereitet erschien man vor dem alten weisen Mann und fragte ihn wie zuvor besprochen.

Nach einiger Überlegung antwortete der alte weise Mann auf die erste Frage: „Das, was Ihr in der Hand haltet, kann nur ein ganz winziges Vögelein sein."

„Nun gut", sagten die Neidischen, „da magst du recht haben, aber handelt es sich um ein lebendes oder ein totes Vögelein?"

Der alte weise Mann wiegte seinen Kopf eine Weile hin und her, schaute dem Frager dann in die Augen und sagte: „Ob das, was Ihr in der Hand haltet, lebt oder tot ist, das liegt allein in Eurer Hand."

Der Weise aus dieser Geschichte wusste von der Tatsache, dass wir alle die Möglichkeit haben, die Wirklichkeit zu verändern. Er kannte auch das Denken seiner Frager und konnte entsprechend reagieren: Er machte deutlich, dass es von ihrer Gestaltungsfreiheit abhängt, wie das „Ergebnis" aussieht. Und gleichzeitig hat er sich selbst nicht einengen lassen von festgefügten Vorstellungen.

Wenn wir fragen, woher ein Mensch seine Eigenarten, Ansichten und Werturteile hat, kommen wir mit großer Wahrscheinlichkeit auf die Umgebung zu sprechen, in der er aufgewachsen ist, nämlich seine Familie. Der Zusammenhalt und Fortbestand einer Gesellschaft erhält sich über die Spielregeln, die ein Mensch in seiner Familie erworben hat. Gemeinsam geteilte Werte geben in einer Gesellschaft Orientierung. In diesem Spannungsfeld kulturspezifischer, weltanschaulichreligiöser und wissenschaftlicher Sinnangebote steht der einzelne Mensch. Er kann zwischen den Mühlsteinen miteinander konkurrierender Systeme zermahlen werden, wenn keines der Angebote eine hinreichende Möglichkeit bietet, sich mit ihm zu identifizieren. Doch er kann auch eine innere Freiheit entwickeln.

Sich einfach hinsetzen

Es war einmal ein Mann, den verstimmte der Anblick seines eigenen Schattens so sehr, er war so unglücklich über seine eigenen Schritte, dass er beschloss, die Schritte und den Schatten hinter sich zu lassen.

Er sagte zu sich: „Ich laufe ihnen einfach davon." So stand er auf und lief davon. Aber jedes Mal, wenn er seinen Fuß aufsetzte, hatte er wieder einen Schritt getan, und sein Schatten folgte ihm mühelos.

Er sagte zu sich: „Ich muss schneller laufen." Also lief er schneller und schneller, so lange, bis er tot zu Boden sank.

Wäre er einfach in den Schatten eines Baumes getreten, so wäre er seinen eigenen Schatten losgeworden, und hätte er sich in Ruhe hingesetzt, so hätte es keine Schritte mehr gegeben. Aber darauf kam er nicht.

Auf die Idee, sich einfach in den Schatten eines Baumes zu setzen, kommen viele Menschen

heute nicht. Sie laufen lieber vor sich selbst
davon.

Wir brauchen das Leben nicht so fortzusetzen,
wie wir es gestern gelebt haben.
Machen wir uns von dieser Anschauung los,
und tausend Möglichkeiten laden zu neuem
Leben ein.

Erst das Ziel, dann der Weg

Jemand sah einen Mann die Straße entlang eilen, ohne nach rechts und links zu schauen. „Warum rennst du so?", fragte er ihn.

„Ich gehe meinem Glück nach", sagte der Mann.

„Und woher weißt du", fuhr der andere fort zu fragen, „dass dein Glück vor dir her läuft, so dass du ihm nachjagen musst? Vielleicht ist es dir im Rücken, und du brauchst nur innezuhalten, um ihm zu begegnen, du aber fliehst vor ihm."

Das Leben findet im Augenblick statt, es geht darum wahrzunehmen, was man gerade tut. Und es geht darum, den inneren Freiraum zu nutzen, immer wieder neue Möglichkeiten zu entdecken.

Das Leben ist so eine Sache. Sagt Hans: „Morgens freust du dich auf die Mittagspause. Wenn die vorbei ist, freust du dich auf den Feier-

abend. Am Feierabend freust du dich auf den Jahresurlaub. Und im Jahresurlaub freust du dich auf die Rente. Und wenn du in Rente bist, weißt du, es hat sich alles nicht gelohnt. Aber du hast dich oft gefreut. "
(Matthias Beltz)

Das Paradies liegt neben dir – Perspektivenwechsel

Die Schwierigkeit liegt nicht darin,
irgendwo anzukommen,
sondern zur richtigen Zeit die Richtung
zu wechseln.

Der kleine Unterschied

Ein orientalischer König hatte einen beängsti-
genden Traum. Ihm träumte, dass ihm alle
Zähne, einer nach dem anderen, ausfielen.
Beunruhigt rief er seinen Traumdeuter herbei.
Dieser hörte sich sorgenvoll den Traum an und
eröffnete dem König: „Ich muss dir eine traurige Mitteilung machen. Du wirst genau wie die
Zähne alle Angehörigen, einen nach dem anderen, verlieren."

Die traurige Deutung erregte den Zorn des
Königs. Er ließ den Traumdeuter, der ihm nichts
Besseres zu sagen hatte, in den Kerker werfen.

Dann ließ er einen anderen Traumdeuter
kommen. Der hörte sich den Traum an und
sagte: „Ich bin glücklich, dir eine freudige Mitteilung machen zu können: Du wirst älter werden als alle deine Angehörigen, du wirst sie alle
überleben." Der König war erfreut und
belohnte ihn reich für die Worte. Die Höflinge
wunderten sich sehr darüber: „Du hast doch
eigentlich nichts anderes gesagt als dein armer

Vorgänger. Aber wieso traf ihn die Strafe, während du belohnt wurdest?", fragten sie. Der Traumdeuter antwortete: „Wir haben beide den Traum gleich gedeutet. Aber es kommt nicht nur darauf an, was man sagt, sondern auch, wie man es sagt."

Höflichkeit macht vieles einfacher. Das heißt ja nicht, dass man lügt, sondern dass man die Wahrheit freundlich sagt, so dass sie akzeptiert werden kann.

Oft geraten jedoch Ehrlichkeit und Höflichkeit in einen Konflikt miteinander. Dann kann es geschehen, dass die Höflichkeit dazu führt, die eigenen Bedürfnisse nicht mehr wahrzunehmen. So ging es einem 17-jährigen Mädchen, das unter Hemmungen und Kontaktarmut litt.

Die Situation in ihrer Familie ist dadurch gekennzeichnet, dass alle darum bemüht sind, offene Spannungen zu vermeiden. Lautstarke Auseinandersetzungen gibt es nicht, obwohl genügend Probleme zwischen den Familienmitgliedern bestehen. Der Vater selbst kümmert sich mehr um seine Mutter, die im Haus wohnt, als um seine Frau. Die Frau nimmt dies zum Anlass, sich jeden Abend, an dem ihr Mann zu seiner Mutter geht, bei ihrer Tochter zu beklagen. Diese hört während des Essens und des übrigen Abends zu. Das ausschließliche Gesprächsthema sind Vater und Schwiegermutter. Dieser Ablauf hat sich zu einem Ritual eingespielt, das jeden Tag „aufgeführt" wird. Die Tochter hat aber den Wunsch, etwas anderes zu unternehmen, zum Beispiel möchte sie gerne ausgehen. Der Wunsch ist umso stärker, als sie seit einiger Zeit einen Freund hat. Die Vorstellung aber, ihre Mutter müsse den ganzen Abend über alleine in der Küche sitzen, macht es ihr unmöglich, sich ihren eigenen Wunsch zu erfüllen.

Die sicherlich aggressive Ehrlichkeit wurde verdrängt, weil Angst davor bestand, sich Schuld aufzuladen. So verhielt sich das Mädchen seiner Mutter gegenüber nett und höflich, verdrängte aber seine eigenen Wünsche und damit den Bereich der Ehrlichkeit und Offenheit. Es handelt sich hier um eine zum wesentlichen Teil unbewusste Konfliktsituation zwischen Höflichkeit und Ehrlichkeit.

Dies war sowohl dem Mädchen als auch den Eltern unbewusst. Erst als dies deutlich wurde und dann auch alle Beteiligten daraus Konsequenzen zogen, kam es zur Entspannung der gesamten familiären Situation.

Höflichkeit bedeutet also nicht, sich selbst aufzugeben und die eigenen Wünsche immer hintanzustellen. Doch man kann Ehrlichkeit und Höflichkeit so miteinander verbinden, dass die Ehrlichkeit nicht verletzend wirkt und die Höflichkeit nicht zur Selbstaufgabe führt.

Lehrer: „Hans, du hast dieselben sieben Fehler im Diktat wie dein Tischnachbar. Wie erklärst du das?"
Hans: „Das ist einfach. Wir haben beide den gleichen Lehrer."

Dem Weisen genügen wenige Worte

Der Esel eines Bauern war gestorben, und so musste der Bauer jeden Tag seine Ware selbst auf seinem Rücken zum Markt tragen. Auf dem Heimweg ruhte er sich einige Minuten aus und fühlte sich außerordentlich wohl in den Ruinen der Karawanserei. Bevor der letzte Sonnenschein am Himmel verschwand und die Dunkelheit endgültig ihren schweren Mantel über die Gegend breitete, erschien der Fürst mit seinen Hofdienern.

Der Fürst erfuhr von dem Verlust des Esels und sagte zu dem Bauern: „Ich möchte dir gern einen Gefallen tun und dir etwas schenken. Überleg' mal, was du wählen möchtest. Willst du Geld oder einen Esel oder lieber ein Schaf oder auch ein Feld, um dir dein jetziges Leid zu erleichtern?"

Der Bauer sagte: „Gib mir das Geld, um es in meine Tasche zu stecken und auf dem geschenkten Esel zu reiten. Dann bin ich in der Lage die Schafe, die ich durch deine Großzügigkeit erhalten habe, in Richtung des Feldes zu führen, und ein Leben lang werde ich dir meine Dankbarkeit erweisen."

Seine Antwort erfreute und erheiterte den Fürsten so sehr, dass er dem Bauern alle seine Wünsche erfüllte.

Die Geschichte kann viele Anregungen geben, über die eigenen Wünsche an das Leben nachzudenken, darüber, was einem wirklich wichtig ist. Geschichten können zum Perspektivenwechsel anregen. Mein Vorschlag: Statt Probleme zu wälzen, könnten Sie sich von Geschichten und Weisheiten inspirieren lassen. Ihre bildhafte Sprache regt nicht nur logisches Denken an, sondern viel mehr noch die Phantasie, Intuition und Kreativität. Und all dies brauchen wir, um ein Problem neu sehen zu können. Oftmals erscheint dann die Lösung wie von „Zauberhand".

Lehrer: „Zwei mal zwei ist vier, drei mal drei ist neun – wie viel ist achtzehn mal neunzehn?"
Schüler: „Das haben wir gern! Die leichten Fragen beantworten Sie selbst, bei den schwierigen wenden Sie sich immer an uns!"

Vom Sinn des Leidens

Ein Mann schrie fürchterlich. Erschrocken kamen seine Nachbarn angelaufen: „Oh, was ist mit dir?"

„Meine Freunde, ich habe Schmerzen."

„Warum hast du Schmerzen?"

Der Mann heulte: „Weil es so weh tut."

„Und warum tut es dir so weh?", fragten die Freunde.

„Oh, wie dumm ihr seid. Es tut mir weh, weil ich mir mit dieser großen Nadel durch die Hand gestochen habe!"

Die Nachbarn schüttelten den Kopf. „Warum stichst du dir denn mit der Nadel in die Hand, wenn du weißt, dass es so weh tut?"

„Weil ich sonst nicht schreien und jammern könnte", antwortete der Mann und wimmerte in den höchsten Tönen.

Es geht darum, Distanz zu gewinnen zu den eigenen Problemen, zu den Konflikten, die wir haben. Wenn die Distanz verloren geht, dann

kommt es leicht zu neurotischen Verhaltensweisen, mit denen man sich selbst schädigt.
Gerade in solchen Situationen fixiert man sich.
Und es geht einem so wie dem Menschen, der
ein Bild betrachtet, aber so nahe davor steht,
dass er es fast mit der Nase berührt. Er sieht
lediglich einen kleinen Ausschnitt, aber diesen
sehr genau. In welchem inhaltlichen und farb-
lichen Zusammenhang dieser Ausschnitt steht,
sieht er nicht. Er hat das Bild als Ganzes und
damit dessen Bedeutung und Sinnzusammen-
hang aus den Augen verloren.

So kommt es darauf an, die richtige Distanz
zu finden: zu den eigenen Problemen, zu sich
selbst und zu anderen Menschen.

Arthur Schopenhauer hat die soziale Bedeutung von Nähe und Distanz in das Bild von den
Stachelschweinen gefasst, die sich in der Kälte
aneinander wärmen wollten: Kommen sie sich
zu nahe, dann stechen sie sich gegenseitig mit
ihren Stacheln, bleiben sie zu weit voneinander
entfernt, so profitieren sie nicht von der Wärme
der Nähe. Und so müssen sie immer wieder ausprobieren, was der richtige Abstand ist.

Für viele Menschen ist es leichter zu leiden, als etwas zu ändern.

Der Frosch im Brunnen

Ein Frosch lebte in einem Brunnen. Er hatte dort seit langer Zeit gelebt. Er war dort geboren und aufgewachsen und war immer noch ein kleiner und unbedeutender Frosch. Nun kam eines Tages ein anderer Frosch, der im Meer gelebt hatte, und fiel in den Brunnen. „Wo kommst du her?" fragte der Frosch im Brunnen.

„Ich komme aus dem Meer", sagte der andere Frosch.

„Das Meer, wie groß ist das? Ist es so groß wie mein Brunnen?", fragte der Frosch im Brunnen, und er machte einen Satz von der einen Seite des Brunnens auf die andere.

„Mein Freund", sagte der Frosch vom Meer, „wie kannst du das Meer mit deinem kleinen Brunnen vergleichen?"

Da machte der Frosch im Brunnen einen zweiten Sprung und fragte: „Ist dein Meer so groß?"

„Was sagst du da für einen Unsinn und vergleichst das Meer mit deinem Brunnen!" sagte der Frosch vom Meer.

„Nun denn", sagte der Brunnenfrosch, „nichts kann größer sein als mein Brunnen. Es kann nichts Größeres geben als diesen. Dieser Kerl ist ein Lügner. Werft ihn hinaus!"

Einengungen führen zu Aggressionen. Und so können wir uns doch besser so verhalten, wie ein kluger Kaufmann, der sein ganzes Kapital nicht in ein einziges Projekt steckt. Er verteilt es auf verschiedene Projekte.

Ähnlich ist es in der Kommunikation mit anderen: Gelingt sie, so haben wir es nicht nötig, bei Konflikten oder Meinungsverschiedenheiten aggressiv zu reagieren. Kommt es aber zu Kommunikationsstörungen, so kommt es auch zur Einschränkung des Kontaktes. Man bestraft zum Beispiel seinen Partner dadurch, dass man ihm etwas verbietet bzw. sich von ihm zurückzieht. Folge davon sind Abkühlung und Verflachung der zwischenmenschlichen Beziehungen. Doch wir können uns auch anders verhalten und die Enge aufbrechen. Wir können zum Beispiel erkennen, dass unser Partner und unsere Mitmenschen noch eine Reihe anderer

Möglichkeiten und Fähigkeiten haben als die Bereiche, die zurzeit konfliktbesetzt sind. Dies zu sehen und sich darauf im alltäglichen Umgang zu beziehen, entlastet und führt zu einer Erweiterung des Horizontes.

Zwei Damen im Café unterhalten sich. „Waren Sie eigentlich in München länger als in Innsbruck?"
„Entschuldigen Sie, aber ich war überall 1 Meter 68."

Träume sind wie Schäume

Aus dem Traum furchtsam aufgewacht, schrie der Mann und bat seine Frau ihm die Brille zu holen. Aufgeregt fragte die Frau: „Wozu brauchst du die Brille in der Nacht?"

Der Mann antwortete ganz erschrocken: „Ich hatte geträumt, in einem fernen Land zu sein. Die Gassen der Stadt waren dunkel und ich konnte nicht die Sehenswürdigkeiten betrachten. Deshalb brauche ich meine Brille, um die Stadt besser zu sehen und zu erkunden!"

Wir können lernen, positiv mit unseren Ängsten und negativen Gefühlen umzugehen. Träume zeigen uns, was in der Gegenwart, in unserem Alltag wichtig ist und wo Konflikte und Probleme liegen. Sie geben nicht immer schon eine Lösung vor, aber sie fordern dazu auf, das Problem zu erkennen und eine Lösung zu finden.

Ein neunjähriger Junge, der verspielt und verträumt erscheint, unter verschiedenen

Schwierigkeiten und Konzentrationsmangel leidet sowie über Magenbeschwerden und Kopfschmerzen klagt, träumt seit zwei Jahren von seiner Mutter, sie sei eine Hexe oder ein Dämon.

Inhaltlich ließen sich diese Angstträume auf das Verhalten der Mutter zurückführen, die besonders auf Fleiß, Ordnung und Gehorsam bei dem Jungen achtet und dies in nahezu jeder Situation von ihm fordert. Das expansive und das Kind einverleibende Verhalten der Mutter wird von dem Jungen als dämonisch erlebt und in Träumen bildlich vorgestellt.

Im Traum tragen wir oft solche Konflikte aus. Er ist in diesem Sinn ein Prozess, der mit dem vorstellenden, bildhaften Denken zusammenhängt. Bei unverarbeiteten Konflikten geraten die Inhalte der Angst, Aggression und Nachahmung in den Mittelpunkt des Denkens. Die nicht verarbeiteten Erlebnisse entwickeln eine eigene Dynamik und kommen von Zeit zu Zeit in mehr oder weniger offener Form in Träumen, Gedanken, im Sprechen und Handeln zum Vorschein.

Und so geht es darum, die Ängste, die angsteinflößenden oder wütend machenden Situationen und Vorstellungen zu identifizieren: Kennen wir die Situation, in der wir uns ärgern, so können wir Angst und Ärger auch besser einordnen und Distanz gewinnen.

- Passiert es öfter, dass Sie sich hinterher ärgern, wenn Sie etwas getan haben?

- Wenn jemand Sie enttäuscht, ziehen Sie sich dann ganz und gar von ihm zurück?

- Passiert es Ihnen manchmal, dass Sie bei sich Eigenschaften finden, die Sie von Ihrem Partner oder Ihren Eltern kennen?

- Machen Sie die Probleme und Schwierigkeiten Ihres Partners zu Ihren eigenen Problemen?

- Kommt es vor, dass Sie Ihren Ärger auf die Kinder oder einen unbeteiligten Partner übertragen?

- Träumen Sie häufig, wenn ja, wovon, und wie fühlen Sie sich dabei?

- Geschieht es öfter, dass Sie etwas vergessen oder etwas sagen, was Sie eigentlich nicht sollten?

- Passiert es Ihnen häufig, dass Sie denselben Fehler immer wieder machen?

- Meinen Sie, dass Unbewusstes Einfluss auf Ihr Verhalten und Erleben nimmt?

Unbedacht hat manches schon ans Licht gebracht

Ein Schriftsteller hatte öfter materielle Not. Eines Abends kam ein Dieb in sein Haus. Als er vergeblich in den Schubladen nach Geld und Gold suchte, hörte er auf einmal ein lautes Lachen.

„Warum lachen Sie?"

„Ich lache, weil Sie in dunkler Nacht ohne Licht in den Schubladen suchen, wo ich an sonnigen Tagen schon nichts finde!"

Man kann die eigene Lage auch anders sehen, es liegt oft an uns, ob wir über die alltäglichen Widrigkeiten weinen oder auch einmal lachen können.

Ein Mann, der sich mit tiefen Depressionen quälte, fand in seinen Erfolgen keinen Sinn mehr. Nichts genügte seinen Ansprüchen. Er war mit allem unzufrieden und konnte in seinem Leben nichts Positives mehr sehen. In diesem Zustand passte das bekannte Bild von dem zur Hälfte gefüllten Glas. Der Pessimist sieht ein

halb leeres Glas. Der Optimist ein halb volles.
Dem Mann wurde deutlich, dass er seine Situation anders sehen kann.

Die Sonne hört nicht auf zu scheinen, bloß weil sie gerade von Wolken verdeckt ist oder wir sie in der Nacht nicht sehen.

Die Außenseite eines Menschen ist das Titelblatt des Inneren

Ein Stallbursche arbeitete auf dem Feld. Plötzlich merkte er, dass er sich einen Dorn in den Fuß gestochen hatte. Er bemühte sich, den Stachel heraus zu bekommen, reinigte die blutige Stelle und begann, mit Lobgesang Gott seine Dankbarkeit zu zeigen. Sein Freund, der das Vorkommnis miterlebte, fragte ihn nach dem Grund seiner Dankbarkeit, trotz der Verletzung. Der Stallbursche sagte: „Ich bin froh, dass ich meine neuen Schuhe nicht angezogen hatte, sonst wäre jetzt ein Loch im Schuh."

Oft hilft es auch in ganz schweren Situationen, das Leben aus einem anderen Blickwinkel zu betrachten.

So hatte eine Frau nach dem Tod ihres Mannes eine ausgeprägte Todesangst entwickelt. Immer dann, wenn sie allein abends in der Wohnung war, überkam sie das Gefühl, sie müsse sterben: „Ich kann einfach nicht mehr,

ich habe solche Angst." Ich gab ihr zu beden-
ken, dass sie schon viele Male gestorben sei. Die
Frau war konsterniert: „Was meinen Sie
damit?" Ich antwortete mit dem Satz von
Shakespeare: „Der Feige stirbt schon vielmals,
ehe er stirbt. Die Tapferen kosten einmal nur
den Tod." An dem Wort „feige" kaute sie
etwas herum und meinte: „Eigentlich bin ich mir
bisher immer recht tapfer vorgekommen, aber
trotzdem stimmt das mit dem öfter Sterben. Die
Angst, die ich dabei ausstehe, kann beim echten
Tod nicht schlimmer sein."

Durch dieses Gespräch war der Weg zu der
Erkenntnis frei, dass es eigentlich ihre Einstellung zum Tod war und nicht der Tod selbst, der
sie mit Angst erfüllte.

Auch die Ewigkeit besteht aus Augenblicken

Ein notleidender armer Mann trug seine Last. Es war eine Decke voll Mehl, durch einen Knoten zusammengebunden.

Auf dem Weg bat er Gott: „O Herr, öffne die Knoten meiner harten Arbeit."

Plötzlich löste sich der Knoten der Decke und all das Mehl fiel auf den Boden. Der arme Mann war so ärgerlich und sagte laut: „O Gott, seit Jahren regierst du die Welt, aber du weißt noch nicht den Unterschied zwischen dem Knoten der Arbeit und dem Knoten an der Decke."

Wir alle sind von Konflikten, Problemen und Schwierigkeiten im Verhältnis zu uns selbst, zu unseren Partnern, unseren Mitmenschen und schließlich zu unseren Lebenszielen betroffen.

Oft ist ganz praktische Lebenshilfe gefragt. Ohne sie könnten im Laufe der Zeit Krankheiten entstehen oder zumindest das, was man populär als „Knacks" bezeichnet.

Wie oft möchte man jemand fragen: „Wie soll ich meine Kinder erziehen?"

„Warum hasse ich dies oder den?"

„Wie soll ich mich meiner Frau gegenüber in dieser oder jener Situation verhalten?"

Es sind Fragen, die die Psychohygiene betreffen. Die Antwort muss schließlich jeder für sich finden: Andere Menschen können dabei nur „Geburtshelfer" sein.

Gesund ist daher nicht derjenige, der keine Probleme hat, sondern derjenige, der in der Lage ist, mit ihnen fertig zu werden.

„Ich möchte Ihren Chef sprechen."
„Geht leider nicht, er ist nicht da!"
„Ich habe ihn doch durchs Fenster gesehen!"
„Er hat Sie aber zuerst gesehen!"

Wir können uns das Leben zum Paradies machen – vom Umgang miteinander

*Niemand ist nutzlos auf der Welt,
der einem andern die Bürde leichter macht.*

Paradies und Hölle

Ein Rechtgläubiger kam zum Propheten Elias. Ihn bewegte die Frage nach Hölle und Paradies, denn er wollte seinen Lebensweg danach gestalten.

„Wo ist die Hölle – wo ist das himmlische Paradies?" Mit diesen Worten näherte er sich dem Propheten, doch Elias antwortete nicht. Er nahm den Fragesteller bei der Hand und führte ihn durch dunkle Gassen in einen Palast.

Durch ein Eisenportal betraten sie einen großen Saal. Dort drängten sich viele Menschen, arme und reiche, in Lumpen gehüllte und mit Edelsteinen geschmückte. In der Mitte des Saales stand auf offenem Feuer ein großer Topf voll brodelnder Suppe, die im Orient Asch heißt. Der Eintopf verbreitete einen angenehmen Duft im Raum. Um den Topf herum drängten sich hohlwangige und hohläugige Menschen, von denen jeder versuchte, sich seinen Teil Suppe zu sichern. Der Begleiter des Propheten Elias staunte, denn die Löffel, die diese Menschen in den Händen hielten, waren so groß wie sie selbst. Ganz am Ende hatte der Stiel des Löffels einen hölzernen Griff. Der übrige Löffel, dessen Inhalt einen Menschen hätte sättigen können, war aus Eisen und durch die Suppe glühend heiß. Gierig stocherten die Hungrigen im Eintopf herum. Jeder wollte seinen Teil, doch keiner bekam ihn.

Mit Mühe hoben sie ihren schweren Löffel aus der Suppe. Da dieser aber zu lang war, bekam ihn auch der Stärkste nicht in den Mund. Gar zu Vorwitzige verbrannten sich Arme und Gesicht oder schütteten in ihrem gierigen Eifer die Suppe ihren Nachbarn über die Schulter. Schimpfend gingen sie aufeinander los und schlugen sich mit den langen Löffeln.

Der Prophet Elias fasste seinen Begleiter am Arm und sagte: „Das ist die Hölle!" Sie verließen den Saal und hörten das höllische Geschrei bald nicht mehr. Nach langer Wanderung durch finstere Gänge traten sie in einen weiteren Saal ein. Auch hier saßen viele Menschen. In der Mitte des Raumes brodelte ebenfalls ein Kessel mit Suppe.

Jeder der Anwesenden hatte einen jener riesigen Löffel in der Hand, die Elias und sein Begleiter schon in der Hölle gesehen hatten. Aber die Menschen waren hier wohlgenährt, und man hörte in dem Saal nur ein leises, zufriedenes Summen und das Geräusch der eintauchenden Löffel. Jeweils zwei Menschen hatten sich zusammengetan. Einer tauchte den Löffel ein und fütterte den anderen. Wurde einem der Löffel zu schwer, halfen zwei andere mit ihrem Esswerkzeug, so dass jeder in Ruhe essen konnte. War der eine gesättigt, kam der nächste an die Reihe. Der Prophet Elias sagte zu seinem Begleiter: „Das ist das himmlische Paradies!"

Es ist eine Tatsache, dass sich unsere Kommunikation heute in einer weit reichenden Krise befindet. Sie hat fast das Ausmaß einer Epidemie. In der ehelichen Kommunikation erleben die Partner den Schmerz gegenseitigen Missverstehens und Nichtbeachtens. Familien leiden unter der nahezu fehlenden oder ausgesprochen oberflächlichen Art der Kommunikation zwischen Eltern und Kindern. Ebenso weist die

Kommunikation zwischen Regierung und ihren Völkern einen Zustand auf, in dem gegenseitiges Misstrauen, Beschimpfung, Betrug und Feindseligkeit herrscht.

Die Geschichte von Paradies und Hölle, über eine lange Zeit und in vielen Traditionen überliefert, stimmt heute mehr denn je. Sie trifft immer dann zu, wenn wir die Schwierigkeiten in einer Familie sehen, die Auseinandersetzungen zwischen Vater und Mutter, den Streit zwischen den Kindern und die Aggressionen in der Beziehung der Eltern und Kinder; wenn wir den Kampf eines Menschen mit seiner Umgebung betrachten und die Auseinandersetzung zwischen Gruppen und Völkern. Die „Hölle" der Geschichte ist das Nebeneinander und Gegeneinander. Das Paradies dagegen beruht auf der Bereitschaft, mit den anderen positiv in Beziehung zu treten. Beide – die Menschen im Paradies wie die in der Hölle – haben die gleichen oder ähnliche Probleme. Ob sie im Paradies oder in der Hölle leben, hängt davon ab, wie sie diese Probleme lösen. Jede Familie, jede

Gemeinschaft, hat etwas vom Paradies und von der Hölle. Wir haben die Möglichkeit zu wählen. Wie groß diese Chance der Wahl ist, wird zu einem guten Teil durch unsere Erfahrungen bestimmt, dadurch, wie wir gelernt haben, Probleme zu lösen, und durch unsere Bereitschaft, unsere Erfahrungen zu nutzen und sie den Menschen weiterzugeben, mit denen wir zusammenleben.

Jedes Kind, das auf die Erde kommt, vermittelt die Botschaft, dass Gott den Glauben an die Menschheit nicht verloren hat.

Das Paradies als Lebensort

Das Paradies ist ein Lebensort. Der Begriff stammt aus dem Altiranischen (Pairidaeza: Umwandlung, umzäunter Park, könighiche persische Parkanlage). Im Neuen Testament bedeutet Paradies schon den heimlichen Sitz verstorbener, besonderer Seliger. Das biblische Buch Genesis 2,4–4 erzählt die Geschichte der ersten Menschen Adam und Eva. Dort wird geschildert, wie sie aus dem Paradies vertrieben wurden. In Märchen und Geschichten spielt das Paradies als Ort ungestörten Glücks eine große Rolle.

Hölle steht dichterisch für Unterwelt als Gegensatz zu und als Gegenteil von Himmel und Paradies. Es ist als ein Ort der Qual ein mythischer Ort.

Paradies ist in weiterem Sinne die Fähigkeit, die höchste geistige Vollkommenheit, dessen ein Mensch fähig ist, zu erlangen.

Hölle bedeutet einfach, dieser geistigen Erkenntnis beraubt und dadurch abgehalten zu sein, geistige Vollkommenheit zu erlangen.

Paradies und Hölle sind keine Orte, sondern Zustände.

Der Blinde und der Lahme

Ein Blinder und ein Lahmer wurden von einem Waldbrand überrascht. Die beiden gerieten in Angst. Der Blinde floh gerade aufs Feuer zu. „Flieh nicht dorthin", rief der Lahme.

Der Blinde fragte: „Wohin soll ich mich wenden?"

Der Lahme: „Ich könnte dir den Weg vorwärts zeigen, so weit du wolltest. Da ich aber lahm bin, so nimm mich auf deine Schultern, damit ich dir angebe, wie du dem Feuer, den Schlangen und Dornen aus dem Wege gehen kannst, und damit ich dich glücklich in die Stadt weisen kann."

Der Blinde folgte dem Rat des Lahmen, und zusammen gelangten die beiden wohlbehalten in die Stadt.

Diese Geschichte gibt es in vielen Überlieferungen. Wir Menschen haben die Möglichkeit, nicht nur auf unsere Defizite zu schauen, sondern unsere je eigenen Fähigkeiten einzusetzen.

Jeder Mensch verfügt über eine Anzahl von Fähigkeiten, die er im Laufe seiner Reifung und seiner Auseinandersetzung mit der Umwelt entwickelt. Eltern als die zunächst wichtigsten Personen der Umwelt, aber auch alle anderen Bezugspersonen können die Fähigkeiten eines Kindes, die es zu seinem Lebensbeginn weich, zart, unentwickelt und formbar besitzt, unterstützen oder hemmen.

Und im Laufe unseres Lebens haben wir immer wieder die Chance, neue Fähigkeiten an uns zu entdecken – und sie auch zu leben.

Ein Schwimmtrainer resümiert am Ende der Saison: „Unsere Mannschaft hat zwar nie gewonnen, aber es ist auch keiner ertrunken …"

Gemeinsamkeit statt Konkurrenz

Der alte Bauer hatte sieben Söhne, die nicht miteinander einig waren. Am Sterbebett rief er alle zusammen zu sich und bat, jeder solle hingehen und zwei daumendicke Stöcke mit zurück bringen.

Als die Söhne wieder da waren, versuchte er mit letzten Kräften etwas zu sagen. Er forderte die Söhne auf, jeder solle einen Stock zerbrechen. Dies war keine Kunst, und alle waren erfolgreich. Nun sagte er zu seinem ältesten Sohn, er solle die noch nicht gebrochenen Stöcke zusammenbinden. Der Sohn tat dies. Darauf sagte der Vater: „Nun versuche, das Bündel zu brechen." Der Älteste versuchte es mit aller Kraft und schaffte es nicht. Die anderen Söhne scheiterten ebenfalls.

Der Bauer strahlte, hatte Freudentränen in den Augen und versuchte, sich mit letzter Kraft hinzusetzen. Er stammelte die Worte: „Einheit und Verbundenheit lässt euch Unverwundbarkeit, Stärke und innere Kraft zuteil werden. Wir allein sind nicht in der Lage, den Stürmen des Schicksals zu trotzen." Seine letzten Worte waren: „Wer alleine arbeitet, addiert, wer mit anderen zusammenarbeitet, multipliziert."

Wir müssen nicht alles allein machen wollen. Stärken entwickeln sich erst in der Gemeinsamkeit.

So schrieb ein neunjähriges Mädchen, das die Erfahrung machte, dass das gemeinsame Sprechen in einer Gruppe viele Konflikte in ihrer Familie löste: „Wir hatten manchmal Probleme und wollten uns nicht richtig aussprechen. Zum Beispiel, wenn wir etwas falsch gemacht hatten. Wir sprachen uns eben nicht richtig aus. Teils aus Angst, teils aus Scham. Allen ging es so, unseren Eltern und uns Kindern. Das ging solange, bis Mutti sagte: ‚Mein Nervenarzt hat zu mir gesagt, wenn man sich richtig aussprechen will, dann sollte man doch einen Familienrat gründen, bei dem jeder seine Meinung sagt.' Da kauften wir uns jeder ein Heft und schrieben (mein kleiner Bruder malte) alles auf, was der andere ihm gegenüber falsch machte. Wir setzten eine Zeit fest und wählten am Schluss jeder Besprechung einen neuen Leiter, der das Ganze in Gang brachte. Seitdem ist vieles besser bei uns."

Die Schwierigkeit besteht nicht darin, dass es keine schönen Wirklichkeiten gibt, sondern darin, dass so wenige von uns sie erkennen, wenn wir ihnen begegnen.
(George Bernard Shaw)

Die richtigen Menschen gewinnen

Ein Mann wurde für einen wichtigen Posten in der nächsten Stadt ernannt. Er wollte sich von einem Freund verabschieden. „Hast du irgendeinen Rat für mich?" fragte er ihn. Der Freund antwortete: „In meinem ganzen Leben habe ich dieselbe Stelle als Regierungsbeamter gehabt, von Menschenführung verstehe ich nicht viel, aber da sind zwei Dinge über das Fischen, die will ich dir als Geschenk mitgeben. Wenn du die Angel mit dem Köder ins Wasser wirfst, wird sich ein Fisch sofort nähern, um den Köder zu verschlingen. Dieser Fisch ist mit Sicherheit ein nicht brauchbarer Fisch und schmeckt nicht. Ein anderer Fisch verschwindet wieder und taucht dann wieder auf. Ein Fisch, der langsam versucht, den Köder zu verschlingen, ist etwas Besonderes. Er hat viel Fleisch und schmeckt gut."

Der Mann bedankte sich bei dem Freund und machte sich auf den Weg.

Am Stadttor erwarteten ihn in einer überdachten Kutsche, einige Offiziere im besten Gewand als Begrüßungsgruppe.

„Fahr weiter, fahr weiter," sagte er zu seinem Diener, „die ersten Fische, wie mein Freund sagte, sind gekommen."

Als er in der Stadt ankam, lud er in allem Respekt die Weisen und hochgeschätzten Männer der Stadt ein und sprach: „Mit euch werde ich hier regieren."

Oft meinen wir, aufgrund äußerer Merkmale einen Menschen einschätzen zu können: Der oder die ist so und so, sagen wir dann im Brustton der Überzeugung. Es handelt sich um die Neigung, Beziehungen zwischen Sachverhalten herzustellen, ohne sie in eine Beziehung zur Wirklichkeit zu setzen. Ein großes Kinn kann dann als Zeichen für Energie genommen werden, eine hohe Stirn als Zeichen für Intelligenz, eine Sprechhemmung als Zeichen geistiger Zurückgebliebenheit, zarte Hände als Zeichen für Sinnlichkeit usw. Doch in Wirklichkeit sagen solche Äußerlichkeiten gar nichts aus. Aber sie bestimmen möglicherweise unser Verhalten zu diesen so klassifizierten Menschen. Und dann gibt es noch die Neigung, bestimmte Verhaltensweisen zu generalisieren: die Nette, der Verrückte, der Penible, die Kontrollierende usw. Doch wir verwechseln da eine Eigenschaft mit dem ganzen Menschen. Den ganzen Menschen zu sehen, sich auf ihn einzulassen, darauf kommt es an.

Das gleiche gilt auch für meinen Bereich, die Psychotherapie: Es gibt Menschen mit neurotischen Symptomen, aber den Neurotiker gibt es nicht.

Ein Neurotiker baut ein Luftschloss, der Psychotiker, also ein psychisch Kranker, lebt in diesem Schloss und der Psychiater kassiert die Miete.

Teilen will gelernt sein

Ein Mann bittet seine Ehefrau, ihm ein leckeres Essen zu kochen. Seine Frau sagt bereitwillig zu, fragt jedoch, ob er dafür die Kartoffeln aus dem Keller holen könnte. Der Mann erklärt, dass er gerade keine Zeit habe und hofft auf Verständnis. Wiederholt bittet seine Frau um kleine Hilfen, die der Ehemann aus unterschiedlichsten Gründen immer wieder nicht leisten kann oder mag. Als die Ehefrau schließlich mit der Zubereitung des Essens fertig ist, kommt ihr Mann zu Tisch und erklärt, dass er sie bei der Mahlzeit unmöglich alleine lassen könne.

Diese Geschichte half ganz konkret in einer Partnerschaft, in der beide berufstätig waren, aber der Mann den Haushalt ganz auf seine Partnerin abschob. Das führte immer wieder zu Konflikten. Die Geschichte zeigt, dass es zwischen gleichberechtigten Menschen nicht um ein gnädig gewährtes „Helfen" geht, sondern um ein „Teilen".

Der Mann war ein stahlharter Leistungstyp. Im Gespräch stellte sich heraus, dass er zum einen die Beschwerden seiner Frau sah und diese ihn auch bedrückten. Dass er aber auf der anderen Seite durch sein berufliches zeitliches Engagement den Lebensstandard seiner Familie erhöhen wollte. Oftmals versprach er seiner Frau, nur um sich vor ihrem Druck zu schützen, dass er früher nach Hause kommen würde, obwohl er wusste, dass er das vermutlich kaum schaffen würde.

Verständnis zu haben für die jeweils andere Situation, die jeweiligen Motive zu verstehen, zu schauen, ob die eigenen Vermutungen tatsächlich der Wirklichkeit entsprechen: das sind die ersten Schritte, um Missverständnisse und Konflikte zu lösen.

Zwei Fallschirmspringer versuchen ihren Fallschirm zu öffnen.
Wild zerrt der eine an der Schnur und schreit:
„Verdammt noch mal! Mein Fallschirm geht nicht auf!"

„Meiner auch nicht", ruft der andere, „aber denk dir nichts dabei – ist ja nur ein Übungsspringen!"

Wir geben den Schlüssel immer weiter

„Das darfst du nicht", sagte der Vater. Gläubig blickte der Kleine zu ihm auf und ließ es sein.

„Dafür bist du zu klein", erklärte die Mutter. Respektvoll zog er sich zurück.

„Auch dies ist nicht gut", erzog ihn der Vater. „Und jenes ist nicht recht", erzog ihn die Mutter.

„Wenn große Leute sprechen, sagen Kinder nichts", ermahnte man ihn. Also schwieg er bescheiden.

„Gib dich nicht so dumm!", rügte der Lehrer. Und der Junge ließ das Fragen.

„Er ist so linkisch und gar nicht gesprächig", langweilten sich die Mädchen. Das munterte auch nicht auf.

„Sitz nicht im Haus herum", rügte der Vater. „Was suchst du auf der Straße?", rügte die Mutter.

„Er scheint mir so verklemmt", meinte der Arzt. „Verschlossen", sagte der Lehrer. „Verträumt. Was soll aus ihm werden?"

„Kann ich nicht brauchen", urteilte der Chef. „Vergrämt mir die Kundschaft. Spricht kaum. Keinen eigenen Kopf. Fragt aber auch nichts. Seltsamer Kauz!"

„Organisch gesund", sagte der Arzt.

„Und war so ein hübsches Kind", flüsterten die Nachbarn. „Alles kümmerte sich um ihn: die Familie, die Schule, nichts fehlte ihm. Aber er wird mit dem Leben nicht fertig. Die armen Eltern!"

Kinder sind wie Bücher,
wir können in sie hinein schreiben und aus
ihnen lesen.

Diese Szenerie ist natürlich überzogen und doch enthält sie vieles von dem, mit dem wir uns und unseren Kindern das Leben schwer machen. So wünschen sich manche Eltern ein braves, andere ein fleißiges und aufgewecktes, wieder andere ein anlehnungsbedürftiges Kind. Die Bevorzugung ausgewählter Einzelheiten setzt sich später in der Partnerschaft fort. Die eine Frau wählt ihren Partner danach aus, ob er erfolgreich ist;

eine andere wünscht sich einen zärtlichen, höflichen Mann. Der eine Mann erträumt sich eine ordentliche, hausmütterliche Frau; ein anderer eine geschäftstüchtige, selbständige. Sie alle versuchen, sich ihren Partner vorzustellen und ihn zu begreifen, doch tun sie es nur von einzelnen Aspekten her. Man begreift häufig einen Menschen nur als Träger weniger Eigenschaften, statt ihn in seiner ganzen Persönlichkeit zu sehen.

„Von Kind an bin ich zur Leistung gedrillt worden. Meine Eltern haben, solange ich mich erinnern kann, darauf geachtet, dass ich fleißig bin und mich von Kindheit an mit Aufgaben überhäuft. Bevor ich überhaupt zur Schule ging, beherrschte ich Schreiben und Lesen und bekam von meinen Eltern jeden Tag Hausaufgaben. Meine Mutter achtete darauf, dass ich in Schönschrift schrieb. Wenn etwas nicht richtig klappte, sprach sie über Stunden kein Wort mit mir. Obwohl ich immer einer der Besten war, hatte ich die Schule satt, durfte es mir aber nicht anmerken lassen, sonst hätte es wieder Ärger gegeben. In meinem Beruf als Jurist bin ich sehr erfolgreich. Der Beruf macht mir sogar Spaß, aber ich habe keine Beziehung zu anderen Menschen. Mit meinen Kindern kann ich auch nicht viel anfangen. Freizeit ist für mich eine Qual. Ich habe aber mein Ziel erreicht. Für meine Eltern und für mich ist es wichtig, dass ich Akademiker geworden bin."

Aus dem Bericht des 42-jährigen promovierten Rechtsanwaltes erfahren wir mehr als nur ein Exempel einseitiger Erziehung: Leistungsorientierung gilt im Menschenbild unserer heutigen Gesellschaft als gesellschaftlicher Maßstab, dem sich jedes Individuum zu unterwerfen hat. Was im Beispiel des Rechtsanwaltes als Überbetonung des Fleißes imponiert, findet sich in einer Unzahl von Familien, auch hinsichtlich anderer sekundärer Fähigkeiten, wie zum Beispiel Ordnung, Sauberkeit, Pünktlichkeit, Höflichkeit. All diese sekundären Fähigkeiten werden erlernt wie andere Dinge auch.

Die Liebe zu sich selbst und zu einem Partner kann jedoch nicht in gleichem Sinne erlernt werden. Sie ist das Ergebnis einer Entwicklung seit der frühesten Kindheit und wurde in der Auseinandersetzung mit den Bezugspersonen geprägt. Ist das Lernen von Wissensinhalten und sozialen Normen ein Ergebnis der Ausbildung, so betrifft das Erfahren emotionaler Beziehungen die Bildung bzw. Charakterbildung. Obwohl die Frage des Erziehungszieles bewusst gestellt und beantwortet werden kann, wird sie in den meisten Fällen unbewusst entschieden. Man erzieht das Kind entsprechend der eigenen Lebenserfahrung, ohne sich darüber Rechenschaft abzugeben, ob sie den Fähigkeiten des Kindes, der Zeit oder der Notwendigkeit seiner Entwicklung entspricht.

Vater zum Sohn: „Junge, was denkst du dir. Du willst zehn Euro von mir. Mensch, als ich in deinem Alter war, bat ich noch um Cents." „Okay, lieber Papa. Gib mir bitte eintausend Cent."

Ein Mensch benötigt nicht nur Informationen im Sinne der Ausbildung. Er benötigt auch eine emotionale Basis, im Sinne der Bildung, um mit dieser Ausbildung gut umgehen zu können.

Die Erforschung der eigenen Vergangenheit, also von dem, was unsere Familie, unsere Umgebung uns mitgegeben hat, ist nicht Selbstzweck, sondern dient dazu, aktuelle Konflikte und Probleme besser zu verstehen. Dann können wir lernen und erfahren, dass ein Konflikt beeinflussbar ist, genauso wie er sich auch im Verlauf der Lebensgeschichte gebildet hatte. Und die gute Botschaft ist: Wir können dies auch verändern, wir sind nicht auf ewig unserer Vergangenheit ausgeliefert, sondern haben in der Gegenwart die Chance, unsere Zukunft zu verändern.

Mit einer Kindheit voller Liebe kann man es ein halbes Leben hindurch in der kalten Welt aushalten.
(Jean Paul)

Die Last der Ungewissheit

Ein sorgengeplagter Vater jammerte bei einem Hakim, dem Arzt im alten Orient, der nicht nur für die physischen Leiden zuständig war, sondern auch bei vielen anderen Problemfällen des Lebens konsultiert wurde: „Mein jüngster Sohn hat mich alt gemacht. Kummer plagt mein Haupt. Mein ältester Sohn ist die Stütze meines Lebens. Ein jedes Wort, das seinen Mund verlässt, ist ein Wort der Wahrheit. Er lügt nie.

Meinem zweiten Sohn ist Wahrheit so fern, wie uns der Berg Damawand. Ein jedes Wort, das er spricht, ist Lüge. Ich habe mich damit abgefunden, denn ich weiß immer, woran ich bin.

Aber mein jüngster Sohn, er hat keinen festen Boden unter seinen Füßen. Er lügt und er spricht die Wahrheit. Jedes Wort aus seinem Mund kann Lüge und auch Wahrheit sein, ohne dass ich sie zu unterscheiden wüsste. Bei den anderen weiß ich, woran ich bin. Dieses Wissen verlässt mich bei meinem Jüngsten."

Manchmal ist es nötig, die eigene Erziehung von vorne zu beginnen. Von einem Kind, zumal von einem verhaltensgestörten, wird erwartet, dass es auch anders handeln könnte, und zwar sofort: „Es muss doch von selbst darauf kommen." Wir wissen selbst, wie schwierig es manchmal ist, Probleme zwischen Erwachsenen zu lösen. Um wie viel schwieriger hat es ein Kind, seine Probleme auszusprechen und unser Verständnis zu wecken. Hier muss der Erzieher nach den Gründen fragen, nicht um zu entschuldigen, sondern um zu verstehen. Oft stellt die Verhaltensstörung des Kindes und des Jugendlichen keine Charakterstörung dar, sondern eine Reaktion auf seine Umgebung.

Es ist normal, in einer unnormalen Situation unnormal zu reagieren.

Im Paradies ist alles da –
Großzügigkeit und Gast-
freundschaft

Das Glück lässt sich nur festhalten,
indem man es weitergibt.

Eine positive Überraschung

Ein Mann war in Not und brauchte dringend
1000 Tuman. Die Freunde gaben ihm eine
Adresse und sagten: „Dieser Mann wird deine
Bitte erfüllen."

Voller Hoffnung ging er zu dem angege-
benen Haus. Vor der Haustür hörte er, wie
der Hausherr seinen Diener ermahnte, dass er
ein benutztes Streichholz nicht wegwerfen
sollte.

Der Mann in Not wollte sofort weggehen.
In diesem Moment öffnete der Hausherr die
Tür und fragte nach seinem Wunsch. Der
Leidende antwortete: „Ich hatte etwas vor,
aber darauf verzichte ich, nachdem ich soeben
Ihrer Unterhaltung mit dem Diener zugehört
habe."

Doch der Hausherr bat ihn, dennoch zu
reden. Er hörte sich seine Geschichte an, erfüllte
großzügig seinen Wunsch und sagte zu ihm:
„O Bruder, merke dir, abrechnen musst du in
Gramm, spenden in Zentnern."

Sparsamkeit ist die Fähigkeit, ökonomisch mit Geld, Sachwerten, Fähigkeiten und Energien umzugehen. Das schließt ein, anderen in Not zu helfen. Die extremen Pole der Sparsamkeit sind Verschwendung und Geiz. Im engeren Sinne können wir von der Fähigkeit, sparsam zu sein, erst ab dem Zeitpunkt sprechen, wenn ein Kind mit Spielsachen und mit Geld umgehen kann.

Ein Mann kommt von der Arbeit, überrascht seine Frau, die gerade fünfzehn Kerzen auf einer Torte anzündet.
„Hat jemand Geburtstag?" fragt er überrascht.
„Ja", antwortet sie. „Mein Wintermantel wird heute fünfzehn Jahre alt."

Andere Sitten akzeptieren

Ein Mann bekam Besuch. Der Gastgeber bemühte sich, ein reichhaltiges Essen vorzubereiten. Nach dem Essen sagte der Gast: „In unserer Stadt ist die Sitte, nach dem Essen Obst anzubieten."

Der Gastgeber antwortete: „In unserer Stadt ist es unschicklich und wird missbilligt, nach dem Essen Obst zu sich zu nehmen."

Wir alle werden von unserer Kultur, von unseren Vorstellungen geprägt. Vergleichen wir dazu die unterschiedlichen Erziehungsformen verschiedener Kulturen: Ein Japaner, der die Verhaltensnormen seines Landes gelernt hat und mit ihnen typische Erwartungen und Haltungen verbindet, wird in einem westlichen Land auf gänzlich andere Bedingungen stoßen.

Er zeigt die in seinem Land übliche Höflichkeit, seine Frau trägt die Landestracht, den Kimono. In der neuen Umgebung wird sein Verhalten und Auftreten fremdartig wirken. Da man um die unterschiedlichen kulturellen Bedingungen weiß, akzeptiert man sein Verhalten, obwohl es dem eigenen in vielen Einzelheiten zu widersprechen scheint. Ebenso kommt jeder Mensch aus einem für ihn typischen Erziehungskreis. Er hat seine eigenen Erlebnisse, Erfahrungen und auf diesem Hintergrund seine eigenen Entwicklungsschritte gemacht.

Betrachtet man die Störungen der zwischenmenschlichen und kollektiven Kommunikation genauer, finden sich hinter den meisten der auftretenden Probleme und Missverständnisse, die zwischen Eltern und Kindern, zwischen Ehepartnern, gegenüber den Mitmenschen und anderen Gruppen bestehen, unterschiedliche Werthaltungen und Wertmaßstäbe, über die wir uns klar werden können.

Ein Ausländer kommt ins Milchgeschäft und verlangt: „Ein halbes Kilo Milch bitte". Die Milchfrau klärt ihn freundlich auf: „Milch wird nicht gewogen, sondern gemessen."
„Also dann – einen halben Meter Milch, bitte!"

Während früher Menschen verschiedener Kulturkreise durch große Entfernungen voneinander getrennt waren und nur in Ausnahmefällen miteinander in Kontakt kamen, ist in unserer Zeit aufgrund der neuen technischen Möglichkeiten die Kontaktwahrscheinlichkeit unvergleichbar erhöht worden.

Schon beim Aufschlagen der Tageszeitung überschreiten wir unseren engeren Lebensraum und nehmen Kontakt mit Problemen anderer Menschen auf, die aus anderen Kulturkreisen und -gruppen stammen. In der Regel verstehen wir diese Ereignisse dann so, wie wir es von uns und unserem Denken gewohnt sind, und wir sind leicht geneigt, die anderen wegen ihrer vermeintlichen Rückständigkeit, Naivität, Brutalität oder unverständlichen Sorglosigkeit zu kritisieren, zu belächeln oder gar zu verdammen.

Gesellschaftssysteme, Wirtschaftsformen und Weltanschauungen vermischen sich mit kulturellen Eigenarten. Eine transkulturelle Betrachtungsweise wird also nicht nur die großen überlieferten Kulturen in den Blick nehmen, sondern muss auch Subkulturen, Gruppen,

Lebensgemeinschaften und die Familie berück-
sichtigen. Ähnlich wie jede Kultur ihre besonderen Normen und Wertvorstellungen hat, verfügt
auch jede dieser Untergruppen über ihre kenn-
zeichnenden Merkmale, bis hin zur Familie, in
der beispielsweise Begriffe benutzt werden, die
nur von den Familienmitgliedern verstanden
werden können und in der psychosoziale Normen herrschen, die mit der herrschenden
Gesellschaft übereinstimmen können oder nicht:
„Bei uns zu Hause war es nicht so wichtig, dass
man pünktlich kam. Die Hauptsache war, man
war da. Ich habe das als sehr angenehm emp-
funden. Für mich war es immer ein Zeichen des
Vertrauens und der Zuneigung, wenn ich trotz
Verspätung von den anderen herzlich aufge-
nommen wurde. Die pünktlichkeitsfreie Zeit war
für mich ein Paradies, in das in dem Augenblick
der Wurm eindrang, als ich in die Schule kam.
Immerfort gab es deswegen Ärger, und den gibt
es auch heute noch." Dies erzählt eine 42-jäh-
rige Frau, deren Partner Unpünktlichkeit nur
sehr schwer ertragen kann und sich schon bei
geringen Verspätungen Sorgen macht.

Wir müssen uns immer wieder klarmachen, dass keines dieser kulturellen Systeme für sich gut ist. Ihre Qualität erweist sich erst darin, wie sie sich für die Menschen auswirken, die in ihnen leben, und inwieweit ihre Spielregeln eine konstruktive Auseinandersetzung mit anderen soziokulturellen Systemen und ihren Angehörigen zulassen. So bleibt manches, was die Angehörigen der verschiedenen kulturellen Systeme voneinander lernen können – und wenn es nur das wäre, dass sie einander verstehen lernten.

Ein englischer Tourist fragt in Deutschland: „Ist geprügelt und geschlagen dasselbe?"
„Ja."
„Warum lachen dann die Leute, wenn ich sage, es hat zwölf Uhr geprügelt?"

Leistung und Gegenleistung

Ein Mann besuchte einen Freund. Zum Abend-
essen stellte ihm der Gastgeber eine Schale
Milch auf den Tisch und sagte: „Lass es dir gut
schmecken, denn Joghurt – Käse – Butter –
Sahne – Schmand sind alles Erzeugnisse aus
Milch."

Der Gast trank die Milch und beim Abschied
lud er seinen Freund für nächste Woche zu sich
ein. Als sich die Essenszeit näherte, lag auf dem
Tisch ein Ast von einem Weinrebstock. Der
Gastgeber bat zu Tisch, wünschte einen guten
Appetit und sagte: „Aus dem Rebstock entste-
hen Trauben – Wein – Rosinen – Sirup –
Schnaps."

Unzufrieden verließ der Gast das Haus.
Einige Tage später trafen sich die Freunde. Einer
von beiden fing an zu lachen und offen über
das Problem zu sprechen. Die Reaktion des
anderen war: „Das war Leistung und Gegen-
leistung; jetzt können wir neu anfangen."

Konflikte und Schwierigkeiten haben sicherlich in vielen Fällen eine materielle Ursache. Jedoch dürfen wir nicht übersehen, dass eine Reihe von Konflikten gerade darauf zurückgehen, dass Menschen sich gegenseitig nicht verstehen. Mit anderen Worten: Es liegen Missverständnisse vor. Wir beurteilen unsere Partner und ihre Handlungsweisen nicht objektiv. Je nach den Erfahrungen, die man gemacht hat, der Tiefe der emotionalen Beziehungen und den Erwartungen, die man in einen Partner setzt, wird die Art, wie man ihn wahrnimmt, subjektiv eingefärbt. So kann eine Kluft entstehen zwischen den Erwartungen, die man gegenüber einem Menschen hat, und dessen Handlungen und Motiven. In diesem Sinne gehen sehr viele Probleme, die oft schwerwiegende Folgen haben, auf Missverständnisse zurück: Man vergisst, dass es auch andere Normen und Wertvorstellungen gibt als die eigenen. Man übersieht, dass ein Partner nicht Zeit seines Lebens der gleiche bleibt, sondern sich ebenso entwickelt wie man selbst.

Der höfliche und ehrliche Patient

Ein Mann wurde krank und blieb einige Tage zu Hause. Am Freitag besuchten ihn einige Freunde, Kollegen und Bekannte unangemeldet nach dem Besuch in der Moschee und dem Freitagsgebet. Die Besucher saßen einige Stunden da und keiner machte Anstalten zu gehen. Der kranke Mann war inzwischen sehr hungrig, doch er hatte nichts zu Hause, um seinen Gästen etwas anzubieten. Innerlich betete er zu Gott, dieser möge den Frieden im Haus bewahren. Auf einmal erhob er sich von seinem Diwan und sagte freundlich zu den Besuchern: „Ihr habt mir mit eurem Besuch Genesung mitgebracht. Gott sein Dank, mir geht es wieder gut. Ihr solltet den heutigen Freitag jetzt für eure Familie benutzen. Bitte geht, ohne ein schlechtes Gewissen mir gegenüber, nach Hause."

Eine Situation lässt sich schon dadurch verändern und entschärfen, indem man ein Gespräch beginnt, in Kontakt kommt:

Beginnen Sie das Gespräch mit Ermutigungen.

Der andere nennt zunächst seine Probleme und Wünsche. Hören Sie zu, seien Sie höflich. Fragen Sie sich selbst und den Gesprächspartner, welche Bedeutung das Problem jeweils hat. Bevor Sie einen Rat geben, versuchen Sie, das Konzept des anderen kennen zu lernen und ihm zu helfen, seine eigenen Konzepte und Motive zu erfahren.

Seien Sie ehrlich: Konkretisieren Sie Ihrem Partner gegenüber Ihre eigenen Probleme: Wie stehen Sie dazu? Welche Bedeutung hat für Sie der Konflikt? Was möchten Sie damit erreichen? Welches ist Ihr neuralgischer Punkt?

Suchen Sie eine gemeinsame Lösung: Für die auftretenden Probleme werden gemeinsame Lösungsmöglichkeiten gesucht. Denken Sie daran, dass sowohl Sie als auch Ihr Partner Zeit brauchen, den Standortwechsel vorzunehmen. Sie haben Ihren eigenen Willen. Einen eigenen Willen hat auch Ihr Partner. Wenn Sie ehrlich gesagt haben, was Sie für richtig halten, bleibt es seine Sache, was er daraus macht. Das Gleiche gilt umgekehrt auch für Sie.

Reden Sie nicht mit anderen über die Details Ihres Gesprächs.

Opa ist zu Besuch. Beim Mittagessen schaut er ärgerlich auf seinen Enkel. „Aber Junge, wie kann man denn mit vollem Mund reden?"
„Ach, Opa, halb so schlimm! Reine Übungs-sache!"

Liebe deinen Nächsten wie dich selbst!

Ein Gastgeber bewirtete seinen Besuch mit vielen Kostbarkeiten der orientalischen Küche.

Als der Gast sich auf den Weg machen wollte, fragte ihn sein Gastgeber: „Wer bist du denn eigentlich, wie heißt du?"

Erstaunt fragte ihn der Gast: „Hast du mich nicht erkannt? Wieso und warum erhalte ich solchen gastfreundlichen Empfang?"

Darauf gab ihm der Gastgeber folgende Antwort: „Du hast einen Kaftan, genau wie meinen, und ich könnte schwören, dass du den gleichen Turban wie ich hast. Als ich dich sah, dachte ich, ich könnte schwören, es selbst zu sein. Zu mir bin ich großzügig."

Das Einfühlungsvermögen ist eine Fähigkeit, die wir uns als eine Synthese von Erkenntnis- und Liebesfähigkeit vorstellen können.

Einfühlung bedeutet, die eigenen Bedürfnisse wahrzunehmen und die Gefühle, die die Reaktion unseres Partners in uns selber auslöst.

Sie erlaubt uns, behutsam mit ihm umzugehen, wenn wir seine Schutzbedürftigkeit empfinden, und ihn zu fordern, wenn wir spüren, dass er seinerseits auf uns zugeht. Durch diese Erkenntnisfähigkeit können wir in emotionalen Situationen differenziert reagieren. Und sie ermöglicht uns zu lernen: etwa, indem wir Kränkungen wahrnehmen, sie mit dem Partner und mit uns selbst durcharbeiten und nach Wegen suchen, nicht um wieder gut zu machen, sondern um es anders, besser zu machen.

Einfühlung sieht im anderen Menschen immer auch den Mitmenschen.

Der aufmerksame Gast

Ein Mann hörte laute, lachende und freudige
Bekannte aus seinem Nachbarhaus und stellte
fest, dass der Nachbar viele Freunde und
Bekannte zu einem Fest eingeladen hatte. Der
Mann war erstaunt und gleichzeitig verärgert,
dass man ihn vergessen hatte und er nicht eingeladen worden war.

Kurz entschlossen machte er sich auf den
Weg zu seinem Nachbarn. Er hatte ein starkes
Gerechtigkeitsgefühl. Nicht ganz im Nachbar-
haus angekommen, drückte er dem Nachbarn
einen Briefbogen und einen Umschlag in die
Hand und setzte sich zu den Gästen.

Der Nachbar blieb einen Moment stehen,
schaute sich den Briefbogen an, der unbeschrie-
ben war, und fragte den ungeladenen Gast:
„Was soll das bedeuten, das Blatt ist nicht
beschrieben."

Der ungeladene Gast, der sich sichtlich über
das Essen freute und alles genoss, antwortete:
„Ich habe an die Zukunft gedacht. Deine Spar-

samkeit soll kein Grund sein, dass ich nicht zu dir eingeladen werde. Deshalb habe ich das Papier mitgebracht. Du musst lediglich die Einladung schreiben."

Diese Geschichte provoziert die Frage: Sind nicht jedem Menschen Grenzen gesetzt? Auch wenn sich viele Ereignisse und Erlebnisse abändern lassen, stehen einem Menschen innerhalb seiner Entwicklungszeit nur eine begrenzte Zeit und nur begrenzte Ressourcen zur Verfügung. Einmal ist die Zeit des Lebens begrenzt. Zum anderen steht für die Entwicklung der menschlichen Fähigkeiten nur ein bestimmter Zeitraum zur Verfügung. Wird diese Zeit übergangen, hat man oft große Schwierigkeiten, das Versäumte nachzuholen. In bestimmten Fällen ist ein Nachholen aus eigener Kraft nicht möglich.

Ein Akademiker, dessen Frau sich nach einem Seitensprung hatte scheiden lassen, bekam schwere Depressionen, als sich seine geschiedene Frau mit einem anderen Mann wieder verheiratete. Der Patient entwickelte starke Schuldgefühle und versuchte nun, seine geschiedene Frau umzustimmen, um sie wieder zu heiraten. Er hatte dabei ganz übersehen, dass sich die Situation grundlegend gewandelt hatte. Es war nicht mehr möglich, zu seiner geschiedenen Frau die gleiche Beziehung aufzunehmen, die vorher bestanden hatte. Er konnte wohl Konsequenzen ziehen, jedoch nicht mit seiner ehemaligen Frau, sondern mit einer neuen Partnerin.

Die Welt in ihrer Tiefe verstehen heißt den Widerspruch verstehen.
(Friedrich Nietzsche)

Das Haus Gottes

Es war schon aufgetischt: Kebab, Reis, duftende Kräuter und Gemüse. Der Hausherr war beim Mittagessen und ein hartnäckiger Bettler störte durch sein Klopfen an der Tür. Das gefiel dem Hausherrn überhaupt nicht.

Am nächsten Tag wiederholte sich die Situation, es klopfte jemand an der Haustür. Der Hausherr, der gerade beim Mittagessen war, fragte: „Wer ist da?"

„Gottes Gast", antwortete der Bettler. Der Hausherr zog seinen Kaftan an, machte die Tür auf und forderte den Bettler auf, ihm zu folgen. Sie gingen durch die engen Gassen und kamen nach kurzer Zeit an eine Moschee. Der Mann richtete sich seufzend auf, blieb vor der Tür der Moschee stehen und sagte zu dem Bettler: „Du behauptest ein Gast Gottes zu sein. Hier ist Gottes Haus. Bitte gehe von nun an immer hierhin."

Für andere zu sorgen, sich um sie zu kümmern: Dies wird besonders deutlich im Verhältnis zwischen den Generationen. Konflikte zwischen den Generationen sind in unserer Kultur üblich. Mehr als im Orient, wo es wünschenswert ist, Kind seiner Eltern zu bleiben, versucht man hier eine möglichst große Distanz zwischen sich und den Eltern zu erreichen, sich aus den vorgegebenen familiären Ordnungen zu lösen und die Übermacht der Eltern abzuschütteln. Die Ablösung von den Eltern, die Aufarbeitung dieser Trennungsproblematik wird gleichgesetzt mit dem Erreichen von Ichstärke. Alte und pflegebedürftige Familienmitglieder werden nicht nur räumlich von der Familie getrennt, sondern auch sozial und psychologisch aus der Familiengemeinschaft herausgelöst.

Im Orient verfügt die Familie über einen Zusammenhalt, wie man ihn in Industriestaaten kaum mehr findet. Dort gehören nicht nur die Eltern und Kinder, sondern zugleich auch die Großeltern, Urgroßeltern, Onkel und Tanten, Cousins und Cousinen verschiedenen Verwandtschaftsgrades zu den Familien. Diese erweiterten Familien stellen ein Beziehungsnetz dar, das auf der einen Seite Rücksichtnahme,

Integration und Kontaktbereitschaft fordert,
zum anderen aber Sicherheit, emotionale
Wärme und Geborgenheit gewährt.

Beide Konzepte haben ihre Vor- und Nach-
teile, die Verbundenheit mit der Familie genauso
wie die Ablösung von ihr. Es kann nicht darum
gehen, das eine gegen das andere auszuspielen,
sondern die positiven Seiten zu entdecken und
soweit es geht zu verwirklichen.

*Lerne zu unterscheiden zwischen Einzigartigkeit
und Einförmigkeit.*

Der positive Umgang mit Gerechtigkeit will gelernt sein

Ein Bettler klopfte hastig an die Tür. Der Hausherr, der gerade im Obergeschoss Ordnung in seine Unterlagen brachte, rief: „Wer ist da?"

Der Bettler bat: „Mach bitte die Tür auf."

Der Hausherr stand seufzend auf, ging all die Treppen hinunter, machte die Tür auf und sah den Bettler vor der Tür stehen, der ihn um etwas zu Essen bat. Der Hausherr sagte: „Komm mit nach oben!"

Im Obergeschoss angekommen, sagte der Hausherr zu dem Bettler: „Ich habe nichts Essbares im Haus. Gott wird dir dein tägliches Brot geben."

Ärgerlich sagte der Bettler: „Wenn du mir nichts geben wolltest, warum hast du mich nach oben geholt?"

Darauf erwiderte ihm der Hausherr: „Wenn du etwas wolltest, warum hast du es mir nicht gesagt, als ich noch oben war?"

Oftmals pendeln wir in unseren Reaktionen auf andere Menschen zwischen Ehrlichkeit und Höflichkeit hin und her. Im Folgenden eine kleine Typologie:

Der Höfliche: Er hält aus Rücksicht auf andere mit seiner Meinung hinter dem Berg: „Das kann ich doch nicht sagen." Auf der anderen Seite hegt er die Erwartung, dass die anderen ihm seine Wünsche von den Augen ablesen: „Das können die sich doch denken." Oft zieht sich der Höfliche zurück oder reagiert gekränkt.

Der Ehrliche: Er sagt seine Meinung gerade heraus, sagt, was er denkt, gleichgültig, ob er anderen Menschen damit auf die Füße tritt: „Ich habe ihm meine Meinung gesagt. Wenn er das nicht verträgt, kann er mir gestohlen bleiben." Er drückt seine Interessen durch und gilt daher als Egoist. Von seiner Umgebung wird seine Ehrlichkeit unter Umständen sogar geschätzt. Häufig reagieren die anderen aber ablehnend. Meistens bleibt er dickköpfig bei seinem Stolz: „Ich denke gar nicht daran, ein O zu einem U zu machen. Was wahr ist, muss wahr bleiben."

Der Wankelmütige: Er pendelt zwischen Höflichkeit und Ehrlichkeit, zwischen Aggressionen und Schuldgefühlen: „Es tut mir Leid, dass ich so schonungslos mit ihm umgegangen bin. Ich weiß nicht, wie ich es wieder gut machen kann." „Die längste Zeit habe ich nichts gesagt und alles in mich hinein geschluckt. Jetzt ist mir aber der Geduldsfaden gerissen, und ich habe ihm Wort für Wort gesagt, was ich von ihm denke."

Dieses Verhältnis kann sich in der Beziehung zu verschiedenen Personen unterschiedlich gestalten: „Vor seinem Chef duckt er, aber Sie sollten ihn mal zu Hause sehen."

Im Kaufhaus ruft eine Frau ganz laut: „Brauchen Sie Verkäuferinnen?"
„Nein", sagt der Abteilungsleiter, „wir haben genügend Personal."
„Na bestens! Dann schicken Sie mal eine Verkäuferin. Ich warte hier schon über eine halbe Stunde auf Bedienung."

Stolpersteine gibt es auch im Paradies – den Weg nicht verlieren

Das Glück ist der schöne, holprige Weg, auf dem wir gehen, stolpern, tanzen.

Ein Dialog zwischen Spiegel und Kamm

Während der Morgendämmerung sprach der Kamm zum Spiegel: „Wie die Welt doch ungerecht ist. Mein Anteil in diesem Leben ist nur mühsame Arbeit, doch was bist du dagegen für ein glückliches Wesen. Du brauchst nie schwere Lasten der anderen zu tragen, während ich immer durch die dunklen und zerzausten Wellen des Haares mich durchkämpfe, oft den Widerstand eines einzigen Haares brechen muss. Obwohl ich derjenige bin, der den Anforderungen der Schönheit nachkommen muss, sehnen sich die Schönen nur nach dir."

Der Spiegel antwortete selbstbewusst: „Derjenige, der heimlich verdeckte Fehler der anderen sucht, obwohl er sich freundlich nach außen neigt, ist im Grunde der Feind. Die Menschen halten mich nicht ohne Grund vor sich, sondern weil ich ihnen die Wahrheit widerspiegele, ob schön oder nicht schön".

(Nach einem Gedicht von P. Etassanie, einer persischen Dichterin.)

Versuche nicht wie ein Kamm nur einzelne Fehler und Nachsichtigkeiten an das Tageslicht zu bringen, denn niemand hat es gerne, wenn bei ihm nur die Fehler gesucht werden. Nimm also Abstand von demjenigen, der einen guten Namen in Verruf bringt, da er selbst einen schlechten Charakter besitzt. Versuche nicht mit den Fingern der Habgier ein Loch in das Kleid des guten Namens des anderen zu bohren, denn ist dieser Stoff einmal zerrissen, ist er nicht mehr zu stopfen. Der Feind, der die Wahrheit wie ein Spiegel zeigt, ist angenehmer als ein Freund, der sich freundlich zeigt, aber üble Nachrede praktiziert. Sucht man einen innigen Freund, so suche man ihn erst in sich selbst. Ein Zeichen der Freundschaft ist Aufrichtigkeit und Ehrlichkeit, deswegen sollte man einen Freund ohne Prüfung nicht wählen.

Gute Eigenschaften, schlechte Eigenschaften

Zwei Herren unterhielten sich: „Aha, Sie meinen den Herbert! Er war der Großzügigste, der Klügste und der Liebevollste unter den Männern unserer Stadt. Aber alle seine Eigenschaften haben sich erst nach seinem Tod bemerkbar gemacht."

„Haben Sie ihn gekannt?"

„Nein, ich habe aber seine Witwe geheiratet."

„Alle männlichen Familienmitglieder sind Ingenieure geworden. Es ist gar nicht einzusehen, warum unser Jüngster Kunst studieren möchte." Das sagt ein 44-jähriger Ingenieur, der mit dem Wunsch seines Sohnes nicht zurechtkommt.

Das Leistungssystem unserer Zivilisation, angefangen von der Schule bis zum Beruf, beruht auf dem Prinzip der Vergleichbarkeit. An die Stelle von Gerechtigkeit trat vielerorts die Uniformität der Gleichheit: in der Kleidung, den

Beschäftigungsmöglichkeiten, der Wohnkultur, der Freizeitgestaltung und der Partnerwahl. Das ist Anlass genug, sich darüber Gedanken zu machen. Die tägliche Erfahrung zeigt, dass die Menschen, obwohl sie als Menschen untereinander eine gewisse Ähnlichkeit haben, sich in unzähligen Einzelheiten voneinander unterscheiden. Vergleicht man sich oder seinen Partner mit anderen, reicht es nicht aus, nur von einer einzigen Fähigkeit auszugehen. Vielmehr ist es nötig, die Einzigartigkeit eines Menschen mit ihren Bedingungen in den verschiedenen Bereichen einzubeziehen: Menschen, die man gleich behandelt, behandelt man ungleich.

Unter den Menschen gibt es viele Kopien und wenige Originale.

Der Verrückte und sein Richter

Einmal versteckte ein Verrückter einen Stein in seiner Tasche, um ihn einem anderen auf den Kopf zu schlagen, der ihn oft genug geärgert hatte. Er verübte seine Tat auf dem Bazar, holte aus, schlug zu und sein Opfer fiel wie vom Blitz getroffen.

Um Gerechtigkeit walten zu lassen, stürzten sich die Umstehenden auf den Verrückten, hielten ihn fest, zogen an seinen Haaren und rissen ihm rachsüchtig die Kleider vom Leib. Man schleifte ihn auf dem Boden durch die Stadt bis vor den Richter: „Der da ist der Täter, der andere das arme Opfer", riefen sie. Jeder von denen, die sich zum Zeugen machten, stellte die Tat dar, einer schrecklicher und grausamer als der andere.

Der Richter entschied: „Das einzige, womit man diese Untat sühnen kann, ist: Schlagt ihm genauso mit dem Stein auf den Kopf, wie er es selbst getan hat".

Der Verrückte hatte für dieses Urteil nur ein

hämisches Lächeln übrig und schimpfte auf Richter, Gericht, Zeugen und Zuschauer. „Diejenigen bezeichnen sich als weise, gerecht und klug, deren Kopf noch hohler ist als mein eigener. Wenn solche Leute so urteilen und handeln, was soll man dann noch vom Verrückten halten? Sie kommen zusammen, unterhalten sich, beraten und beschließen einem Verrückten mit einem Stein den Kopf zu zerschlagen."

(Nach einem Gedicht von P. Etessamie, persische Dichterin.)

Hilflosigkeit verleitet zur Gewalttätigkeit: So verhält sich der Verrückte in dieser Geschichte, so verhält sich aber auch seine Umgebung, die hilflos nur noch mit Gegengewalt reagieren kann. Die orientalische Tradition kennt die Figur des Narren, der seiner Umgebung den Spiegel vorhält. Seine Botschaft: Nicht er ist verrückt, sondern die Gesellschaft ist es. In unserer Kultur ist es Till Eulenspiegel, der mit seinen oft derben Späßen die Gier und Verlogenheit seiner Umgebung aufs Korn nimmt.

*Viele verlieren den Verstand nicht, weil sie
keinen haben.
(Arthur Schopenhauer)*

Wertschätzung

In einem öffentlichen Bad saß neben dem bekannten Staatsmann ein Bauer aus der Provinz. Der Staatsmann fragte den Bauern zum Spaß: „Wenn ich ein Diener wäre, welchen Wert hätte ich?"

Sofort antwortete der Bauer: „Höchstens 60 Dinar, mehr gebe ich nicht."

Die Antwort gefiel dem Staatsmann nicht. Wütend sagte er zu dem Bauern: „Du dummer Mensch, allein das Badetuch, das ich trage, ist mehr wert."

Der Bauer sprach zu ihm: „Ich habe doch auch nur das Badetuch gemeint, denn ein Staatsmann ist doch nicht käuflich. Oder bist du anderer Meinung?"

Gespräche zu führen, will gelernt sein. Am besten, man beginnt es mit einer positiven, aber ehrlichen Bemerkung, die eine grundsätzliche Wertschätzung des anderen vermittelt. Erst dann sollte man kritische Punkte ansprechen

und die Folgen, die sie für die Beziehung haben,
aufzeigen.

Dialog zwischen Vater und Sohn:
„So miserable Zensuren hast du ja noch nie
nach Hause gebracht", wütet der Vater, als er
das Zeugnis sieht.
Lächelt der Sohn: „Unter uns – das ist ein altes
Zeugnis von dir, Papi."

Hättest du geschwiegen …

Auf einem großen Fest, als die Künstlerin mit dem Gesang anfing, drehte sich ein Mann zu seinem Nachbarn und sprach: „Was für eine schreckliche Stimme, meine Ohren schmerzen schon! Wer ist diese Frau?"

Der Mann antwortete: „Sie ist meine Frau."

Sehr verlegen sagte der andere: „Ich hoffe, dass Sie mich nicht missverstehen. Ich meinte nicht, dass sie schlecht singt, sondern dass der Komponist, um so eine Melodie zu schreiben, keine Ahnung von Noten gehabt haben muss."

„Der Komponist bin ich!"

Zwei Dinge verdunkeln unseren Geist:
schweigen, wenn man sprechen soll
und sprechen, wenn man schweigen soll.

Kritik zu üben will gelernt sein. Manchmal ist es einfach nur sinnvoll, zuzuhören: keine Kommentare zu geben, keine wohlgemeinten Ratschläge, keine Rechtfertigungen. In einer Auseinandersetzung liegen eben nicht gleiche Meinungen, sondern Meinungsverschiedenheiten vor: Können diese ausgesprochen werden, so ist das ein Zeichen für Offenheit und gegenseitiges Vertrauen. Wollen wir Kritik äußern, so sollte dies sachlich und möglichst konkret geschehen, indem man die genaue Situation benennt und ausdrückt, was einen gestört hat.

Wenn es in einem Gespräch um starke Konflikte geht, verselbständigt sich häufig das Temperament. Leute, die man Choleriker nennt, platzen sozusagen bereits, bevor es zu einer echten Auseinandersetzung kommt: „Wenn ich aus mir herausgehe, kann ich mich nicht kontrollieren. Ich verliere dann die Herrschaft über mich, und hinterher sitze ich da mit meinen Schuldgefühlen und habe einen Freund weniger." Das andere Extrem sind die Menschen, die sich zurückziehen und sich nach außen hin keine Aggressionen erlauben.

Schlüsselproblem ist in solchen Fällen weniger die Aggressionsfähigkeit, denn beiden Charaktertypen kann man ein großes Maß an Aggressionen zutrauen. Das Problem liegt vielmehr in der Aggressionskontrolle: „Wenn ich Widerstand merke, kommt der Zorn über mich. Ich muss den anderen meine Meinung sagen. Und was ich mache, das mache ich richtig." Auf der anderen Seite: „Was nutzt es, wenn ich herumtobe, mich so verhalte, wie ich es sonst nicht kenne, und hinterher aufgrund meiner Schuldgefühle um so mehr gehemmt bin."

Aggression als Austragungsort von Ehrlichkeit ist kontrollierbar. Der Weg zur cholerischen Explosion oder zur Flucht ins Schneckenhäuschen kann unterbrochen werden, und nach jeder dieser Unterbrechungen kann man sich entscheiden: Wie gehe ich weiter vor? Mit anderen Worten, an die Stelle der explosiven oder versichernden Ehrlichkeit setzen wir eine gestufte Ehrlichkeit.

„Von irgendwoher kennen wir uns. Klar! Waren Sie nicht neulich auf dieser stinklangweiligen, total abgefrusteten Angeberparty in der Bahnhofstraße?"
„Ja, notgedrungen."
„Warum notgedrungen?"
„Ich war der Gastgeber."

Vom Wert der Geduld

Ein Mann machte sich Gedanken, dass seine Sämlinge schneller wachsen sollten. Er zog die Sämlinge einen nach dem anderen und kehrte erschöpft nach Hause.

„Heute bin ich müde, ich habe den Sämlingen geholfen, schneller zu wachsen", erzählte er seiner Familie. Der Sohn eilte zum Feld, um einen Blick darauf zu werfen. Er stellte fest, dass alle verdorrt waren.

Gerade bei Gesprächen, im Kontakt miteinander brauchen wir Geduld: um einander zuzuhören, um sich zu bemühen, die Motive des anderen zu erkennen. So kann eine Beziehung reifen. Hektik in Gesprächen bereitet den Boden für Missverständnisse, die wiederum zu weiteren Konflikten führen.

Nichts wird so oft unwiderruflich versäumt, wie die Gelegenheit, die sich bietet.
(Marie von Ebner-Eschenbach)

Das Gute nicht aufschieben

In einer alten Legende wird von drei Teufels-
lehrlingen erzählt, die zur Beendigung ihrer
Ausbildung auf die Erde gehen sollten. Vorher
unterhielten sie sich mit Satan, dem obersten
der Teufel, über ihre Pläne, die Menschen in
Versuchung zu führen und zu verderben. Der
erste Lehrling sagte: „Ich werde den Menschen
beibringen, dass es keinen Gott gibt." Satan
entgegnete: „Damit wirst du nicht viel für uns
gewinnen, denn die meisten Menschen ahnen,
dass Gott existiert. Sie haben eine Neigung in
ihrem Herzen, an Gottes Dasein zu glauben.
Diese wirst du nicht so leicht zerstören können."

Der zweite Lehrling sprach: „Ich werde den
Menschen sagen, dass es keine Hölle gibt und
sie für ihre Sünden keine Strafen zu fürchten
brauchen."

Satan erwiderte: „Auf diese Weise wirst du
kaum jemanden in die Irre führen. Kluge Menschen wissen längst, dass es eine Hölle gibt und

dass jede böse Tat eine ihr gemäße Strafe nach sich zieht."

Der dritte Lehrling erklärte: „Ich werde den Menschen einreden, dass man alles verschieben kann; dass es nichts gibt, was hier und jetzt getan werden muss."

„Geh ans Werk!", sprach Satan, „du wirst Erfolg haben. Tausend wirst du betrügen und uns in die Arme treiben."

Nimm dir Zeit zum Überlegen und Ratschlagen.
Wenn du aber dann weißt, was du willst,
dann bringe dein Vorhaben schnell zum
Abschluss.
(Aus dem Orient)

Wir machen uns manchmal das Leben selber zur Hölle, wenn wir etwas unterlassen, obwohl wir es gerne getan hätten. Ein Beispiel: „Ich vertrage deine Unordnung nicht, wenn du nicht aufräumst, fällt der Ausflug am Sonntag flach!" Und damit bestraft man sich selbst – falls man den Ausflug selber gerne unternommen hätte. Es sind Einschränkungen, die das Leben enger machen. Oft werden dabei Gerechtigkeit und Liebe miteinander verwechselt.

So sagt eine Mutter zu ihrer Tochter: „Deinetwegen habe ich den ganzen Nachmittag geweint, wegen deiner Faulheit in der Schule. Jetzt erwarte bitte nicht, dass ich mit dir in die Stadt gehe, dazu bin ich viel zu fertig."

Hier verzichtet die Mutter auf etwas, was sie gern getan hätte, nur um die Tochter zu bestrafen. Sie schränkt ihre eigenen Möglichkeiten und Zielsetzungen ein. Diese Form der Bestrafung ist ein nonverbales Erziehungsmittel, das die tatsächlichen Probleme unausgesprochen lässt. Man bestraft, indem man den Partner zum Verzicht zwingt bzw. durch den eigenen demonstrativen Verzicht auf die Schuldgefühle des Partners spekuliert. Es ist ein Kennzeichen für Zieleinschränkung, dass nur das derzeitige Problem und nichts sonst gesehen wird.

Um aus dieser Situation herauszufinden, ist die Erkenntnis wichtig, dass die Beziehung zum Partner nicht nur unter dem ungünstigen Stern des augenblicklichen Konfliktes steht, sondern dass dieses Problem nur eines von vielen anderen ist. Es besteht immer eine Reihe anderer Beziehungen zum Partner als die zur Zeit konfliktbesetzten. Es hat wenig Sinn, dem Partner vorzuschreiben, was er tun soll. Vielmehr sollte man seine Initiative anregen und Ziele gemeinsam weiterentwickeln. Die Zielerweiterung betrifft die drei Bereiche der menschlichen Persönlichkeit: Körper, Umwelt und Zeit.

Man sitzt nicht nur hinter dem Schreibtisch, sondern geht spazieren oder treibt Sport; man opfert sich nicht nur für den Haushalt auf, sondern liest ein Buch oder besucht ein Konzert; man schränkt seine sozialen Beziehungen nicht ein, sondern lädt Freunde, und wenn es sein muss, auch deren Kinder mit zu sich ein; man lässt ein Kind nicht nur Hausaufgaben machen, sondern spielt mit ihm, wenn möglich nicht immer dasselbe Spiel.

Voraussetzung ist, dass man selbst oder der Partner gelernt hat, eigene Wünsche zu denken und auch auszusprechen.

Sich begnügen können

Auf dem Bauernhof waren viele Gänse, die täglich Eier legten. Zum Erstaunen des Bauern bereicherte ihn eine Gans jeden Tag mit einem goldenen Ei.

Damit begann er Reichtümer zu häufen und wurde immer gieriger. In seiner Besessenheit überlegte er, wie er an die Quelle des Reichtums gelangen könnte. Er dachte, der goldene Schatz sei im Bauch der Gans. So schnitt er der Gans den Bauch auf und fand zu seinem Entsetzen eine gewöhnliche Bauchhöhle.

Vieles, was wir zu besitzen meinen, verwalten wir nur. Das oftmals gestörte Verhältnis zu Sachen und Personen lässt sich an drei unterschiedlichen Typen verdeutlichen.

Der Objekttyp: Er verwechselt Objekt und Subjekt. Er verhält sich den Menschen gegenüber so, als hätte er es mit Dingen zu tun, die man gebrauchen muss. Nur der Erfolg ist dabei wichtig. Der persönliche Wert eines Menschen gilt diesem Typ wenig; was zählt, ist sein Gegenwert. Er ist ein Rechner, dem es ziemlich gleich ist, womit er rechnet, mit Dingen, Produkten oder mit Menschen. Er ist somit die beste Karikatur des Politikers, dessen Charakter und Moral in der Politik allein deshalb nicht verderben können, weil er längst keine mehr zu verlieren hat.

Der Erfolgs- und Prestigetyp: Er lebt nach dem Motto: „Hast du was, dann bist du was!" Der Erfolg gilt als einziger Maßstab des persönlichen Wertes; kein anderer Wert als der des Erfolges und des Prestiges scheint akzeptierbar. Dieser Typ fühlt sich bei Erfolgen den anderen haushoch überlegen, bei Niederlagen ist sein Selbstwertgefühl gefährdet. Er reagiert dann oft mit körperlichen Symptomen und innerer Unruhe.

Der Perfektionist: Ihn kennzeichnet eine extreme Überbetonung von Sparsamkeit, Zuverlässigkeit, Ordnung, Pünktlichkeit, Gewissenhaftigkeit. Er hat Angst vor Fehlern und daraus folgenden Frustrationen, die er vermeiden will. Das Bestreben nach Vollkommenheit oder –

in der sozialen Situation, im Konkurrenzkampf – das unbedingte Bedürfnis, den erreichten Status zu verteidigen und immer mehr zu erreichen, bilden bei den erfolgsorientierten Perfektionisten das Hauptmotiv. Entsteht im Netz der Beschäftigung das Loch der Freizeit, taucht häufig abrupt die Frage nach dem Sinn oder Unsinn der Arbeit und des Lebens auf.

Während der erfolgsorientierte Perfektionist zum offenen Konkurrenzkampf neigt, sucht der ängstliche seine Position durch Neid und Missgunst zu verteidigen. Er kommt eher als seine Kollegen zum Arbeitsplatz, tut so, als sei er mit seiner Arbeit beschäftigt, registriert aber genauer als eine Stechuhr die Pünktlichkeit seiner Kollegen.

Das Tragische an seiner Rolle ist, dass er durch diese Tätigkeit nicht etwa Ansehen und Freunde gewinnt, sondern auf die Dauer Misstrauen und Ablehnung. Am Abend ist sein Pulver verschossen; er fühlt sich müde, leer und unzufrieden und wundert sich, dass er nicht weiterkommt.

„Seit zwanzig Jahren arbeite ich jetzt schon bei Ihnen, Herr Direktor – und ich habe immer für drei geackert. Könnten Sie nicht mein Gehalt angemessen erhöhen?"

„Ausgeschlossen. Aber nennen Sie mir die beiden anderen, dann schmeiße ich die Kerle raus."

Kostbarer Schmuck

Voller Stolz und Begeisterung präsentierte ein Mann seinem Freund eine wunderschöne Halskette, die er gerade für seine Frau erstanden hatte. Der Freund war sprachlos über so viel Kostbarkeit und sagte schließlich: „Ich an deiner Stelle hätte meiner Frau keine Kette, sondern ein Auto gekauft!"

„Das hätte ich auch getan", erwiderte der Mann, „aber ein unechtes Auto gibt es noch nicht."

Liebe sollte nicht mit einem Geschäft verwechselt werden. Wegen steuerlicher Vorteile zu heiraten oder mit dem Gedanken eine schöne Frau oder ein erfolgreicher Mann hebe den eigenen Wert, hat nichts mit Liebe zu tun, sondern mündet oft in einen Machtkampf zwischen den Partnern.

Die Fähigkeit zu lieben und sich so zu verhalten, dass man geliebt wird, erfordert jedoch eine beiderseitige Anstrengung: Wie der Führerschein nicht von der Verpflichtung entbindet, beim Autofahren ständig auf den Verkehr zu achten, entbindet die Liebe nicht von der Notwendigkeit, sich, sein körperliches Erscheinungsbild und seine Verhaltensformen gerade im Bezug zum Partner ständig zu kontrollieren und gegebenenfalls bereit zu sein, sich zu korrigieren oder weiterzuentwickeln.

Die Liebe erweist sich als abhängig von der Dimension der Zeit.

„Hält eigentlich Ihr Mann, was er Ihnen vor der Hochzeit versprochen hat?"
„Ja. Damals sagte er, er sei nicht gut genug für mich. Und das war nicht gelogen!"

Glücklich sein: Gerade jetzt sind wir zufrieden, wir haben vielleicht einen Partner, der uns körperlich und von seinen Eigenschaften her gefällt. Wird er uns aber auch noch morgen gefallen? Frisch verliebt ist es leicht, glücklich zu sein. Wochenend- und Ferienpartnerschaften begegnen nur geringen Konflikten. Wer weiß, ob aus dem glücklich erlebten Wochenende auch glücklich verlebte Jahre werden können?

Glücklich bleiben: Auch wenn man glücklich ist und auf Glück hofft, ist dies keine Garantie dafür, auch tatsächlich glücklich zu bleiben. Denn glücklich bleiben heißt nicht, die Gegenwart festzuhalten. Vielmehr stellt es uns vor die Aufgabe, unseren Partner und uns selbst immer wieder neu kennen zu lernen und immer wieder neue Entscheidungen in der Partnerschaft zu treffen. Der Wunsch, in einer Partnerschaft glücklich zu bleiben, schließt die Bereitschaft ein, die Partnerin, die man klug und schön brillieren sah, am nächsten Tag mit Lockenwicklern und ungeschminkt zu sehen; und das nicht nur einmal, sondern vielleicht vierzig Jahre lang. Es bedeutet ebenso die Bereitschaft, seinen Partner, den man tagsüber bewundert hat, auch am Abend in Unterhosen, mit Stoppelbart und kleinen Wehwehchen zu akzeptieren. Auch wenn es sein darf, vierzig Jahre lang.

Das giftige Geschenk

Irgendwo in einer kleinen Stadt im Morgenland lebte ein sehr strenger Lehrer. Der Vater eines früheren Schülers schickte ihm als Anerkennung für seine Arbeit eine mit Süßigkeiten gefüllte Schachtel.

Der Lehrer wollte die Süßigkeiten vor den Schülern in Sicherheit bringen. Deshalb stellte er die Schachtel in eine Wandnische und sprach zu den Kindern: „Ein Feind hat mir diese Süßigkeiten geschickt. Ich nehme an, er hat Gift hineingetan und will mich bestimmt umbringen."

Der Lehrer verließ das Klassenzimmer, um eine Stunde außerhalb der Schule etwas zu erledigen. Der mutigste Junge in der Klasse versammelte seine Klassenkameraden um sich und sagte: „Die Geschichte mit dem Gift ist nicht wahr, er will nur, dass wir nichts davon essen. Deshalb hat er die Sache mit dem Gift erfunden. Kommt und greift zu."

Die Kinder meinten: „Der Lehrer wird es entdecken und uns alle bestrafen."

„Ich übernehme die Verantwortung", sagte der Junge.

Als die Schachtel leer war, war auch der Junge zufrieden, nahm das Federmesser des Lehrers und brach es durch. Kurz darauf trat der Lehrer ins Zimmer und sah das zerbrochene Federmesser. Ärgerlich fragte er: „Wer hat mein Messer zerbrochen?"

Stille herrschte im Raum. Der mutige Junge meldete sich und sagte: „Ich wollte meinen Bleistift mit deinem Messer spitzen, als das Messer zerbrach. Aus Angst vor deiner Strafe wollte ich mich umbringen. Doch hier habe ich nichts anderes als deine Pralinen gefunden. Deshalb habe ich alle aufgegessen. Leider, unglücklicherweise bin ich nun doch nicht tot."

Für den Lehrer war klar, dass die Kinder ihn hereingelegt hatten. Um sein Gesicht nicht zu verlieren, sagte er zu ihnen: „Wahrlich, ihr seid ganz meine Schüler. Versucht aber nie mehr, mich oder eine andere Autorität reinzulegen."

Ehrlichkeit und Höflichkeit lernt man am Modell. Es ist die Fähigkeit, offen seine Meinung zu äußern, seine Bedürfnisse und Interessen mitzuteilen und Informationen zu geben. Wahrhaftigkeit und Redlichkeit zählen zur Ehrlichkeit. Ehrlichkeit in einer partnerschaftlichen Beziehung gilt als Treue, in der sozialen Kommunikation als Offenheit und Aufrichtigkeit. Wir lernen damit, unsere Aggressionen zu kontrollieren. Wie dies geschieht und was jeweils als höfliches und ehrliches Verhalten gilt, hängt stark von unserer Kultur ab. Doch wir alle haben schon die Erfahrung gemacht, dass eine höfliche Bitte um etwas besser ankommt als ein: „Los, gib das endlich her!"

Dialog zwischen zwei Freundinnen:
Zwei alte Freundinnen treffen sich zufällig.
„Bist du es wirklich, Olga? Älter bist du geworden. Ich hätte dich kaum erkannt."
„Ja, Eva, ich hab dich auch nur an deinem Kleid wiedererkannt."

Weisheit kostet manche Mühe

Ein Schüler der ersten Klasse hatte es mit dem Lernen schwer gehabt. Im Gebet flehte er zu Gott und wünschte sich, Gott möge seinen Lehrer töten.

Als der Lehrer dies hörte, sagte er ihm: „Du solltest beten, dass das Alphabet stirbt und nicht dein Lehrer, denn wenn es diesen Lehrer nicht mehr gibt, dann gibt es einen anderen."

Viele Tätigkeiten erfordern Ausdauer und oft die Bereitschaft, Versagungen und Enttäuschungen zu ertragen. Bringt man diese Bereitschaft nicht auf, sinkt die Schwelle des Selbstwertes: Man reagiert schon auf kleine Misserfolge mit Niedergeschlagenheit und erlebt ein momentanes Versagen als Minderwertigkeit. Im Kontakt mit anderen wird Geduld zu einem wichtigen sozialen Faktor: Als Kind brauchen wir die Geduld unserer Eltern. Und das Verhältnis von Partnern zueinander macht die Bereitschaft erforderlich, auch

„Tiefs" auf der Wetterkarte der Partnerschaft zu ertragen.

Mangelnde Geduld ließe jede Freundschaft bald scheitern. Geduld ist die Bereitschaft, dem anderen Zeit zu lassen.

Der Chef zu einem Mitarbeiter: „Irgendetwas macht mir Sorgen. Sie sind jetzt fünf Jahre bei uns, waren nie krank, kommen nie zu spät, haben keine Kur beantragt – sagen Sie mal, sind Sie mit Ihrer Arbeit nicht ausgelastet?"

Die zerstörerischen Kräfte von Neid und Eifersucht

Im Orient lebte ein Mann, der wegen seiner Weisheit, seines Glaubens und seines Reichtums weithin bekannt war und das Vertrauen aller Bürger genoss. Wo Sonne ist, ist auch Schatten. So hatte er einen Nachbarn, dessen Galle vor Neid schäumte. Er konnte es nicht mit ansehen, wie alle anderen den Weisen verehrten, ihn selbst aber keiner besonderen Beachtung wert fanden. Wo er nur konnte, versuchte er seinen Nachbarn herabzusetzen, zu stören und zu beleidigen. So viel Mühe er auch da hineinsteckte, sein Herz fand keine Ruhe. Sein Neid brannte wie Höllenfeuer. Um das Feuer des Neides endlich zu löschen, ersann er einen Plan. Er kaufte einen jungen Sklaven, dem gegenüber er sich sehr gütig und freundlich verhielt. Ihm fehlte es an keiner Speise. Im Laufe des Jahres wuchs der Sklave zu einem kräftigen jungen Mann heran. Eines Abends rief er den Sklaven zu sich und sprach: „Bist du bei mir zufrieden?"

„Herr", antwortete der Sklave, „ich bin sehr zufrieden. Meine Dankbarkeit kennt keine Grenzen. Wann hätte ein Herr seinen Sklaven so behandelt, wie du es mit mir tatest. Es gibt nichts, womit ich meine Schuld auch nur im Mindesten abtragen könnte."

„Doch", lächelte der Herr, „Ich habe nur einen einzigen Wunsch an dich. Würdest du ihn mir erfüllen?"

„Selbstverständlich", antwortete der Sklave, „nichts gäbe mir mehr Freude, als dir, o Herr, eine Freude zu machen."

„Dann höre mir gut zu und tue, wie ich es dir sage: Nimm jenes herrliche blanke Krummschwert und trenne mein Haupt von meinem Rumpf. Nimm dann mein Haupt und lege es für alle sichtbar auf den Dachgarten meines Nachbarn. Die Schuld an meinem Tod wird nur auf ihn fallen. Man wird ihn festnehmen und Rache an ihm üben. Sein Ansehen wird sich auflösen, wie Rauch im Wind. Das Vertrauen zu ihm wird als Asche des Hasses auf sein Haupt fallen."

„Mein Gott, o Herr, wie kannst du so etwas von mir verlangen? Was bringt es dir denn, wenn du tot bist und dein Feind vor allen Augen erniedrigt ist?"

„Tue, was ich sage, denn dies ist meine einzige Freude und der Wunsch meines Herzens."

Alle Bitten des Sklaven, davon abzusehen, schlugen fehl. Als sein Herr ihm aber die Freiheit gab und dazu einen Beutel Geld, verrichtete er auf dem Dachgarten sein blutiges Werk, wie ihm geheißen. Dann floh er aus seiner Stadt nach Isphahan. Als man am nächsten Tag den Kopf im Dachgarten des Weisen fand, zeigte das Blut auf ihn als Schuldigen. Man nahm ihn fest und er wartete in einem dunklen Kerker auf seinen Prozess, der ihm nichts anderes als den Tod aus der Hand des Henkers bringen konnte. Da aber niemand so recht an seine Schuld glaubte, begab man sich auf die Suche nach der Wahrheit. Eines Tages brachte ein Kaufmann die Kunde, er hätte in Isphahan den Sklaven des Ermordeten getroffen und der hätte ihm, von Gewissensbissen geplagt, das wahre Geschehen geschildert. Fünf Richter sandte man aus, um die Wahrheit dessen zu prüfen. Nachdem die Unschuld des Weisen erwiesen war, befreite man ihn von seinen Ketten, und das Vertrauen der Mitbürger war zu ihm größer denn je.

Die Härte eines Neid- und Eifersuchtskrieges erinnert an zwei Ertrinkende, von denen sich jeder dadurch Luft verschaffen möchte, dass er, um selbst den Kopf über Wasser halten zu können, den anderen unter Wasser drückt.

Bestrafung kann in Beruf und Partnerschaft in unterschiedlichen Formen und Graden praktiziert werden: als Selbst- und Fremdbestrafung, „masochistisch" und „sadistisch", und in verschiedenen Bereichen:

Körperlich durch Verweigerung von Zärtlichkeit oder durch Misshandlung.

Im *Leistungsbereich* durch die Verweigerung von Mitarbeit im Haushalt oder durch finanzielle Einschränkungen, durch „Verheiratetsein mit dem Beruf".

Im *Phantasie- und Sinnbereich* durch erstickende Routine, die eine Weiterentwicklung nicht zulässt; durch Missachtung oder Verächtlichmachung von Überzeugungen des anderen.

Besonders bei Trennungen machen sich die Partner das Leben oft zur Hölle. Eine Mutter von vier Kindern sagte kurz vor dem Scheidungstermin: „Ich werde ihm das Leben so sauer machen, das er nie mehr mit einer anderen Frau glücklich werden kann." Rache wird oft mit Gerechtigkeit verwechselt. Gerechtigkeit ist die Fähigkeit, Interessen abzuwägen, sie in Beziehung zu sich selbst und zu anderen zu setzen. Und als notwendige Ergänzung braucht die Gerechtigkeit die Liebe.

„Leider muss ich Ihnen mitteilen", beginnt der Rechtsanwalt am Telefon, „dass meine Bemühungen, Ihren Prozess zu gewinnen, umsonst waren."
„Na bestens. Ich dachte schon, Sie wollten auch noch ein Honorar dafür."

Eine Welt von Verbrechern

Verzweifelt suchte ein schlauer Mann seine Tasche, in der all seine Habseligkeiten waren. Er hatte sie, Allah weiß wo, liegen gelassen, sie war ihm gestohlen worden, sie war einfach weg. Beim Nachdenken kam ihm eine Idee. Er ging überall dorthin, wo er sich aufgehalten hatte und fragte nach seiner Tasche: zum Metzger, zum Teehändler, zum Dattelverkäufer, zum Gemüseladen, zum Kaffeehaus, doch überall erklärte man ihm: „Wir haben deine Tasche nicht gesehen!"

Traurig, mit hängenden Schultern, kam der Mann an der Apotheke vorbei, deren Besitzer ihn schon von weitem anrief: „Lieber Mann, komm schnell her! Hast du das nicht bei mir liegen gelassen?" Mit diesen Worten schwang er den vermissten Gegenstand.

Mit Tränen der Rührung in den Augen, fiel ihm der Mann um den Hals: „Ich danke dir. Es gibt doch noch Ehrlichkeit auf dieser Welt. Den ganzen Tag habe ich nach der Tasche gefragt und diese Gauner, Schurken und Verbrecher, für die sogar der Stock zu schade ist, erklärten mir frech, dass sie nicht wüssten, wo die Tasche ist."

Lasten, auf mehrere Schultern verteilt, tragen sich leichter. Man braucht Verbündete. Das Bündnis gibt inneren Halt und Sicherheit, erhält aber meistens seinen Sinn erst dadurch, dass es sich gegen einen Dritten richtet: das Bündnis als Schutz- und Kriegsbündnis.

Dahinter steht eine besondere Logik. Man braucht das „Wir", um sich behaupten zu können; man braucht aber auch den Gegner, um sich erst als „Wir" fühlen zu können. Alle Phantasie, Kreativität, Kommunikation, berufliches Engagement und körperliche Energie werden investiert. Aber wozu? In den seltensten Fällen zugunsten der Allianz, zumeist aber zum Schaden des Gegners. Bekannt ist diese Logik aus Politik und Weltgeschichte. Doch sie wirkt auch in Beruf, Partnerschaft und Alltag hinein.

Wesentlich ist es dann immer, zu erkennen, was der Kern des Konfliktes ist und wie möglicherweise auch die Verbündeten daran beteiligt

sind. So können sich scheinbare Gemeinsam-
keiten schnell als fragwürdiges Zweckbündnis
entpuppen. Es kommt darauf an, zu den Problemen selbst vorzudringen, ihren Kern zu erkennen und schließlich auch Gegnerschaften und
falsche Allianzen aufzubrechen.

Wer sich dem Wunschdenken hingibt,
verdirbt sein Handeln.
(Aus dem Orient)

Wer einmal lügt …

Der junge Hirte zog tagein tagaus mit seiner
Schafherde zu den nahe gelegenen Hügeln zum
Grasen. Er spielte auf seiner Flöte, schaute sich
die Umgebung an und manchmal phantasierte
er. Die Eintönigkeit der Tage langweilte ihn. Eines
Tages blitzte in seinem Kopf eine Idee, die er
gleich in die Tat umsetzte: „Hilfe! Hilfe, der
Wolf!", schrie er. Der Klang seiner Worte hallte
im Tal wider. Die Dorfbewohner, bewaffnet mit
Stöcken, Knüppeln und Forken, kamen herange-
laufen. Jedoch der schadenfrohe Junge lachte nur
und sagte, dass er mit ihnen Spaß getrieben hätte.
Diese Situation wiederholte sich noch zweimal.
Die Leute fühlten sich verhöhnt. Als viele Tage
später der junge Hirte wieder um Hilfe schrie und
die Worte „der Wolf, der Wolf!" rief, reagierte
niemand. Leider wurden einige seiner Schafe
Opfer seiner Lügen und mutwilligen Späße.

*Eine Lüge ist wie ein Schneeball: Je länger man
ihn wälzt, desto größer wird er.*

Äußere Ereignisse wie berufliche Veränderungen, Umzug und die kleinen Ärgernisse (Mikrotraumen) wirken, wenn sie gehäuft auftreten, oft so zusammen, dass sie ein dramatisches Ausmaß annehmen. Oft reagieren wir dann mit der Redewendung: „Aus einer Mücke einen Elefanten machen." Man könnte es auch folgendermaßen ausdrücken: „Kleinigkeiten" pflanzen sich durch „Zellteilung" fort und geraten schließlich außer Kontrolle. Sie sammeln sich so lange an, bis der bislang unterschwellige Konflikt akut wird. Übertreibungen und Untertreibungen entstehen nicht aus heiterem Himmel, sondern haben ihre eigene Geschichte. Da hilft es manchmal, sich zu fragen:

- Worüber ärgere ich mich eigentlich? Was bereitet mir Angst, Unbehagen oder Freude?

- Welche Möglichkeiten habe ich, das Problem zu lösen?

- Was würde ich machen, wenn ich keine Probleme und Beschwerden hätte?

„Was soll ich mit der Quittung?", schimpft der Autofahrer, als er das Bußgeld bezahlt hat. „Gut aufheben", rät der Polizist. „Wenn Sie zehn beisammen haben, bekommen Sie ein Fahrrad."

Wir irren allesamt, nur jeder irrt sich anders

Ein Mann, der den Anspruch erhoben hatte, Gott zu sein, wurde zum Herrscher gebracht. Der Herrscher hörte sich seinen Anspruch an und sagte zu ihm: „Vor einem Jahr haben wir einen Mann, der den Anspruch erhob, ein Prophet zu sein, zum Tode verurteilt."

Hocherfreut sagte der Mann: „Eure Majestät, das habt Ihr gut gemacht. Er war nicht mein Gesandter."

Größenphantasien gehören zu unserem Alltag. Im positiven Sinne können sie dazu anregen, sich weiterzuentwickeln. Doch wir brauchen immer wieder die Verwurzelung in der Realität. Wenn wir vollkommen von unseren Phantasien ausgefüllt werden, wird es problematisch. Dann kann es sogar zu wahnhaften Fixierungen kommen: Man deutet die ganze Wirklichkeit nur noch unter einem einzigen Aspekt. Derjenige, der sich selbst immer nur toll findet, wird schnell zu einer Lachnummer für andere. Daher ist es notwendig, immer wieder Distanz zu gewinnen – auch zu den eigenen Größenphantasien.

Dialog zwischen Psychiater und Patient:
Psychiater: „Sie haben eine wirklich seltene, geradezu klassische Paranoia."
Patient: „Wollen Sie mich bewundern oder behandeln?"

Die Tiefenschärfe entwickelt man erst, wenn man mit beiden Augen sieht

In einer Schulklasse haben sich die Schüler beklagt und ihre Unzufriedenheit mit dem Lehrer zum Ausdruck gebracht: Warum sollen wir uns mit der globalen Abhängigkeit auseinander setzen? Was geht es uns an, was die anderen in der Welt tun, fühlen oder machen?

Der Lehrer antwortet mit den folgenden Worten: Ich habe einen Traum gehabt. Ich träumte, dass ich einen meiner Schüler nach 50 Jahren wiedertreffe. Der Schüler war sehr ärgerlich und sagte: „Warum habe ich so viel über die Geschichten der Vergangenheit meines Landes und die Administration meiner Heimat gelernt und so wenig über die Welt?"

Er war unzufrieden, weil niemand ihm gesagt hatte, dass er sich als Erwachsener täglich mit globalen Problemen wie Umwelt, Ozonloch, Naturschutz, Friedensanstrengungen, Sicherheit, Qualitäten des Lebens, Ernährung, Inflation, mangelnde Naturressourcen beschäftigen muss. Der ärgerliche Schüler hat sich als Opfer und zur gleichen Zeit als Täter erlebt. Warum wurde ich nicht gewarnt? Warum habe ich nicht eine bessere Erziehung genossen? Warum haben meine Lehrer mir nicht geholfen, diese Probleme rechtzeitig zu erkennen, sie zu verstehen und nach Lösungen zu suchen? Sie haben mir nicht gesagt, dass ich Mitglied einer globalen Familie bin. Schließlich schrie der unzufriedene Schüler: Sie haben meine Erkenntnisfähigkeit nicht erweitert. Sie haben mir beigebracht, mit meinen Händen Maschinen zu bedienen, mit meinen Augen Teleskop und Mikroskop zu betrachten, meine Ohren wurden geschult, Telefon, Radio und Klänge zu hören, mein Gehirn, Computer zu programmieren. Sie haben mir aber nicht geholfen, Liebesfähigkeiten zu erweitern und mein Herz, Liebe und Aufmerksamkeit der gesamten Menschheit zu widmen.

Die Lehrer haben mich um die Hälfte der Wahrheit betrogen.

Betrachtet den Menschen als ein Bergwerk,
reich an Edelsteinen von unschätzbarem Wert.
Nur die Erziehung kann bewirken,
dass es seine Schätze enthüllt
und die Menschheit daraus Nutzen zu ziehen
vermag.
(Aus den Baha'i-Schriften)

Jeder Mensch kann lernen, mit seinen Problemen gut umzugehen. Phantasie und Humor
helfen dabei.

Humor ist das Salz des Lebens, und wer gut
gesalzen ist, bleibt lange frisch.

Wohl angefangen ist gut, wohl enden besser

Ein Poet hatte für den König ein Gedicht geschrieben und trug es sehr künstlerisch bei ihm vor.

Der König, angetan von dem Gedicht, rief laut: „Noch einmal – noch einmal!"

Der Dichter wiederholte sein Gedicht mit einer Zugabe und der König befahl, ihm 50 Goldmünzen zu geben.

Der Poet ahmte den König nach und sagte auch: „Noch einmal – noch einmal!"

Er brachte den König zum Lachen und bekam weitere 50 Goldmünzen.

Humor ist die Fähigkeit, heiter zu bleiben, wenn es ernst wird. Einen Weg, der Phantasie und Intuition in der Selbsterfahrung und Lösung von Konflikten mehr Raum zu geben, sehe ich in Geschichten, Mythologien, Parabeln, Konzepten und im Humor.

Von jeher hatten Geschichten, Märchen,

Mythen, Fabeln und Parabeln zwei Funktionen: Sie dienten der Unterhaltung und waren gleichzeitig Medien einer Volkspsychotherapie, lange vor der Entdeckung und Entwicklung der modernen Psychotherapie.

Vor allem in den orientalischen Ländern haben Geschichten bis heute die Bedeutung von Lebenshilfe, die sich mit der des Vergnügens und Zeitvertreibs verbindet.

Die Qualität der zwischenmenschlichen Beziehungen steht in unserer Industriegesellschaft im Schatten. Verstand und Vernunft gelten mehr als Phantasie und Intuition. Dieser Einseitigkeit können wir dadurch begegnen, dass wir andere Denkmodelle und Spielregeln menschlicher Beziehungen in unsere Vorstellungswelt einbeziehen; auch solche, die in einem anderen historisch-kulturell bedingten Rahmen entstanden sind.

Das öffnet den Blick auf andere Möglichkeiten und kann damit zu einer echten Lebenshilfe werden.

Dialog zwischen Vater und Sohn:
„Zuverlässigkeit und Klugheit. Zuverlässigkeit heißt: Wenn du irgendetwas zu einem bestimmten Termin zugesagt hast, musst du auch zu diesem Termin liefern. Selbst wenn du dabei bitter draufzahlst!"
Fragt der Sohn: „Und was ist in diesem Zusammenhang Klugheit?"
„Nie jemandem so etwas zu versprechen."

Nicht alles steht im Himmel geschrieben

Ein Astronom kam nach Hause. Er sah einen fremden Mann neben seiner Frau sitzen. Er regte sich auf, schimpfte und machte einen Skandal. Ein weiser Mann, der mit dem Fall vertraut war, sagte: „Was weißt du, was sich oben im Himmel abspielt, wenn du noch nicht einmal weißt, was in deinem Haus geschieht?"

(Nach Saadi, persischer Dichter.)

In früheren Zeiten waren Astronomie und Astrologie noch nicht getrennt. Im Orient hatte die Astrologie die Funktion einer Lebenshilfe: Ehen wurden danach geschlossen und günstige Zeitpunkte für Unternehmungen erfragt.

Doch sie kann auch den Blick auf das Notwendige verstellen, auf die Wirklichkeit. So wollte eine Patientin den Chirurgen davon überzeugen, die Sterne stünden für die notwendige Blinddarmoperation ungünstig. Zum Glück für die Patientin ließ sich der Arzt auf dieses Argument nicht ein.

Dialog zwischen Arzt und der Frau eines Patienten:

„Was soll ich bloß machen? Mein Mann bildet sich ein, dass er eine Stehlampe sei."

„Besser eine Stehlampe, als eine Hängelampe", schmunzelte der Arzt.

Frau: „Im Ernst, was soll ich mit ihm tun?

Arzt: „Treten Sie ihm ordentlich auf den Fuß, wenn er seinen Anfall kriegt."

Frau: „Na, hören Sie mal, Herr Doktor – dann sitze ich ja im Dunkeln."

Der kluge Wesir

Ein Wesir hatte sich den Unwillen des Herrschers zugezogen. Der Herrscher befahl einem seiner Männer, den Wesir zu töten und ihm dann dessen Haupt zu bringen. Der erfahrene Wesir bewegte den Gesandten aber, ihn lebend zum Herrscher zu bringen. Als der Herrscher den Wesir lebend vor sich sah, war er wütend und wollte seinen ungehorsamen Gesandten bestrafen.

In diesem Augenblick sagte der Wesir zu ihm: „Mit mir bringe ich viele Weisheiten, Geschichten und Gleichnisse, mein Herr. Wie könnte ich meinen Kopf dem anderen anvertrauen? Darum bringe ich ihn dir selber auf meinen Schultern."

Der Herrscher war begeistert von der Weisheit und Klugheit des Wesirs und schenkte ihm nicht nur das Leben, sondern gab ihm auch seine hohe Stellung im Palast zurück.

Diese Geschichte enthält viel Bedrohliches. Die orientalischen Geschichtenerzähler benutzen daher einen Trick, um die Identifikation mit dem Helden nicht zu schmerzlich zu machen und einem selbst noch das Gefühl der Überlegenheit zu vermitteln. Sie übertreiben bis zur Karikatur. Wesentliche Merkmale des Helden werden herausgehoben und im Hinblick auf die Pointe zugespitzt. Andere Eigenschaften fallen unter den Tisch. Unter dem Gesichtspunkt der Einseitigkeit wird die enge Beziehung deutlich, die zwischen den neurotischen Einseitigkeiten und dem, was die Geschichten erzählen, besteht. Allgemein gesagt: Wir alle besitzen die Fähigkeit, für andere zur Witzfigur zu werden. Im iranischen Volk hatte der Mullah eine ähnliche Funktion, wie sie der Hofnarr in der höfischen Gesellschaft des europäischen Mittelalters besaß. Seine Figur diente dazu, Wahrheiten und Weisheiten in oft überspitzter Weise darzustellen und weiterzuverbreiten.

Dialog zwischen zwei Kollegen:
„Denken Sie eigentlich noch an die 1000 Euro, die ich Ihnen vor drei Monaten geliehen habe?"
„Natürlich, oft und gerne!"

Sich auf den Weg machen –
zur Weisheit finden

Langsames Reisen hat den Vorteil,
dass die Seele Schritt halten kann.

Der positive Umgang mit Phantasie

An diesem Fest sollte nicht gespart werden. In der Tat war das Zelt noch nie so sauber, so beleuchtet und so voll gewesen. Nun trat ein Mann mit einer unglaublichen Ausstrahlung in das Zelt ein; er war der Prediger. Alle Anwesenden wussten offenbar von seiner Weisheit und der Achtung, die seine Schüler ihm entgegenbrachten.

Er stieg auf die Kanzel und fragte das Publikum: „Wisst ihr, worüber ich mit euch sprechen will?"

„Nein, leider nicht."

Der Prediger kam herunter und verließ aufgeregt das Zelt. Die Sitzung wurde auf den nächsten Tag verschoben. Die Leute hatten miteinander beraten und sich überlegt, wie sie sich heute verhalten sollten. Als der Prediger diesmal seine Frage stellte, ob sie wüssten, worüber er sprechen wollte, riefen alle laut: „Ja!"

Der Prediger sagte daraufhin: „Wenn ihr schon alles wisst, warum soll ich in Gegenwart von solch wissenden Menschen einen Vortrag halten?" Und er verließ wieder das Zelt.

Die Menschen waren sehr verärgert über das Verhalten des Predigers. Sie hatten eine geniale Idee, was sie am dritten Tag machen wollten. Eine Hälfte sollte ja, die andere nein sagen.

Der Abend dämmerte, und die Zuhörer setzten sich erwartungsvoll ins Zelt. Bald ging die Tür auf und der Prediger erschien. „Heute, am dritten Tag, verlasse ich das Zelt und eure Stadt", begann der Prediger. „Wisst ihr endlich, worüber ich heute zu euch predigen will?"

Die einen sagten ja und die anderen nein.

Nun war der Prediger an der Reihe. Er atmete auf, warf einen Blick auf die Anwesenden und sagte: „Wunderbar! Die, die wissen, sollen den anderen, die nicht wissen, alles erzählen." Er versetzte alle in Staunen und verließ das Zelt.

Weisheit lässt sich nicht konsumieren und nicht von außen vermitteln. So ist es in der orientalischen Tradition oft die Figur des Narren, der seinen Mitmenschen auf die Sprünge hilft. Vor etwa 900 Jahren ließ sich der bekannte Dichter und Sozialkritiker des Orients, *Bahlull*, ein enger Verwandter des sagenhaften Kalifen *Harun al Raschid*, für verrückt erklären, um so – der Verfolgung entzogen – unter der Narrenkappe des „Verrückten" im Volk zu wirken.

Der weise Narr provoziert einen Standortwechsel, sorgt für Verblüffung und regt zu einer Veränderung des normalen Verhaltens an. Man muss sich selber auf den Weg machen ...

Die Eitelkeit eines Menschen ist eines der Dinge, die seine Intelligenz behindern.

Nur den Samen

Ein junger Mann betrat im Traum einen Laden. Hinter der Theke stand ein älterer Mann. Hastig fragte er ihn: „Was verkaufen Sie, mein Herr?" Der Weise antwortete freundlich: „Alles, was Sie wollen!"

Der junge Mann begann begeistert aufzuzählen: „Dann hätte ich gerne die Welteinheit und den Weltfrieden, die Abschaffung von Vorurteilen, Beseitigung der Armut, mehr Einheit und Liebe zwischen den Religionen, gleiche Rechte für Mann und Frau und ... und ...!"

Da fiel ihm der Weise ins Wort: „Entschuldigen Sie, junger Mann, Sie haben mich falsch verstanden. Wir verkaufen keine Früchte, wir verkaufen nur den Samen."

Kinder und Jugendliche und auch wir Erwachsenen haben die verschiedensten Anlagen in uns, die wir verwirklichen können oder auch nicht. Ähnliches gilt für die Werte, die wir mitbekommen haben: Manche mögen einengend wirken, andere wiederum mögen unser Leben reicher machen.

Die Pubertät, in der man sich auf der Suche befindet, sich orientiert, Werte in Frage stellt und offensiv verficht, zeigt dies wie in einem Brennspiegel. Die Verunsicherung in dieser Phase mündet oft in der Feststellung: „Ich weiß nicht, wer ich bin." In diesem Alter muss ein Mensch ganz verschiedene Rollen, Erwartungen usw. in seine Persönlichkeit integrieren. Das ist die Aufgabe des Reifens. Und erst im Reifwerden kann sich ein Mensch als mit anderen gleichberechtigt, frei in seinem Willen und Handeln und in seiner Verantwortung erfahren.

Mag das Gute auch noch so fern von mir sein, wenn ich ernsthaft danach strebe, ist es da. (Konfuzius)

So lange ich atme, hoffe ich auch

Ein unschuldiger Mann im Orient wurde zum
Tode verurteilt. Der Henker kam und wollte ihn
an einer Säule im Hof der Kaserne aufhängen.
In der letzten Vorbereitung sagte der Henker
zum Verurteilten: „Hast du noch etwas zu
sagen oder eine letzte Bitte?"

Der Unschuldige sagte: „Ich habe eine Bitte.
Nimm bitte die letzte Säule am Hof. Dann
kannst du deine Arbeit durchführen."

Der Henker wollte ihm diesen Wunsch erfüllen und tat es. In diesem Augenblick ging der
König am Hof vorbei, erkundigte sich über den
Mann, überzeugte sich von dessen Unschuld
und begnadigte ihn.

Wir wissen nicht, was uns im nächsten Augenblick bevorsteht.

Die Haltung gegenüber der Zukunft, durch
welche die Ereignisse der Gegenwart relativiert
werden, ist die Hoffnung. Wir hoffen, dass

etwas morgen, im nächsten Jahr oder zu unbestimmter Zeit geschieht. Für unser Verhältnis zu anderen Menschen bedeutet dies, dass man den anderen – wie sich selbst auch – Entwicklungsmöglichkeiten zugesteht, davon ausgeht, dass Menschen sich ändern können.

Ob ein Mensch hoffnungsvoll und hoffnungsfroh sein kann und welche konkreten Hoffnungen er hegt, hängt auch davon ab, welche Erfahrungen ein Mensch machte und welche Erlebnisse er hatte. Wurde ihm nie die Möglichkeit gezeigt, dass für jede Schwierigkeit eine Lösung besteht, wird er zu Hoffnungslosigkeit neigen. Und dies beeinflusst dann die Sicht auf die Zukunft: Wir resignieren, werden hoffnungslos – und engen damit unsere Gestaltungsmöglichkeiten ein.

Wir brauchen die Hoffnung, um über manche trübe Phasen hinwegzukommen im Vertrauen, dass wir immer – einmal mehr, einmal weniger – unser Leben in die Hand nehmen können.

*Die Hoffnung treibt die Menschen jeden Tag zu
neuem Schaffen an.*
(Aus dem Orient)

Die Lage der Menschen

Ein Mann fällt eines Tages einen Baum. Ein Derwisch, der das sah, sagte zu ihm: „Sieh diesen grünen Zweig noch voller Saft, glücklich, weil er noch nicht weiß, dass er abgeschnitten ist. Doch so wenig er auch jetzt von seinem Unglück weiß, der Tag wird kommen, wo er es erkennt. Bis dahin jedoch kann man nicht mit ihm darüber reden. Dieses Abgetrenntsein, diese Unwissenheit – das ist der Zustand des Menschen."

(Nach F. Attar, persischer Mystiker und Dichter.)

Die Zukunft ist offen – und das bedeutet auch, sich nicht auf die Schwierigkeiten und Probleme des Lebens zu fixieren. Wir kennen ja auch die kranken Menschen, die noch im Angesicht des Todes fähig sind, zu scherzen und ihre Mitmenschen zu trösten. Sie stellen nicht ihr Leiden ins Zentrum, sondern sie stellen Verbundenheit her – zum Leben, aber auch zu dem, was über das Leben hinausgeht.

Zur Verbundenheit gehört auch die Verschiedenheit: der einzelnen Kulturen, Religionen, Wissenschaften, der Menschen untereinander. Erst die Verschiedenheit macht Harmonie und Liebe möglich.

Es ist wie in der Musik oder wie beim Hausbau:

In der Musik werden viele verschiedene Noten in der richtigen Weise miteinander verbunden und ergeben somit einen vollen Akkord.

Jedes Gebäude ist aus vielen verschiedenen Steinen erbaut. Jeder Stein ist von den anderen in einer Weise abhängig und wird gebraucht, damit das Haus fest steht.

In Wahrheit, Freund, und nicht als Gleichnis nur,
ist jeder Mensch bloß eine Schachfigur;
das Schicksal spielt, du gleitest übers Brett,
du kehrst zurück und zeichnest keine Spur.
(Omar Khayam)

Hoffnung – etwas, das wir nie aufgeben können

Es war in der antiken Zeit. Die Götter hatten ein Fest und entschieden sich, ein gemeinsames Meisterwerk hervorzubringen. Nach langen Diskussionen und Beratungen waren sie einig, dass das Meisterwerk eine perfekte Frau sein sollte. Sie schufen „Pandora". Sie sollte jetzt von ihnen die bestmöglichen Eigenschaften geschenkt bekommen.

Sie erhielt Schönheit, Intelligenz, Weisheit und Fähigkeiten aller Art. Danach wurde der Herrscher der Götter, Jupiter, auch um ein Geschenk gebeten, bevor sie ihr Meisterwerk zur Erde geschickt haben.

Jupiter überreichte ihr einen Kasten und sagte: „Hier ist mein Geschenk für dich, du bist von den anderen genügend beschenkt worden und sollst diesen Kasten niemals öffnen."

Die Versuchung war jedoch zu groß und eines Tages öffnete Pandora den Kasten. Plötzlich sind alle Übel, die der Menschheit so viel

Leid, Not und Elend gebracht haben, heraus-
gesprungen. Krankheit, Greisenalter, Eifersucht,
Ichhaftigkeit und Habgier waren alle so schnell
herausgekommen und hatten sich auf der Erde
verbreitet, ehe sie in der Lage war, den Kasten
zu schließen. Nur eine einzige gute Sache kam
aus dem Kasten, dies war die Hoffnung.

Die Hoffnung hat den Menschen geholfen,
all die Übel, die aus Pandoras Kasten befreit
wurden, zu bewältigen.

Dies ist eine bekannte Geschichte, die in die
abendländische und orientalische Tradition ein-
gegangen ist. Die Hoffnung ist die Antriebs-
kraft, die Motivation, etwas zu verändern:
Eltern wissen, dass ohne Hoffung jede Erziehung scheitern muss. Im alltäglichen Umgang
miteinander können wir die Hoffnung einset-
zen, wenn uns etwas ärgert, wenn uns eine
Eigenschaft an einem anderen Menschen stört:
Wir können uns fragen, warum dies so ist und
wir haben die Freiheit, unsere Einstellung zu
verändern.

Über das ewige Leben

König Anoschirwan, den das Volk auch den Gerechten nannte, wandelte zur Zeit, als der Prophet Mohammed geboren wurde, durch sein Reich. Auf einem sonnenbeschienenen Hang sah er einen ehrwürdigen alten Mann mit gekrümmtem Rücken arbeiten. Gefolgt von seinem Hofstaat trat der König näher und sah, dass der Alte kleine, gerade ein Jahr alte Stecklinge pflanzte. „Was machst du da?", fragte der König.

„Ich pflanze Nussbäume", antwortete der Greis.

Der König wunderte sich: „Du bist schon so alt. Wozu pflanzt du dann Stecklinge, deren Laub du nicht sehen wirst, in deren Schatten du nicht ruhen wirst und deren Früchte du nicht essen wirst?"

Der Alte schaute auf und sagte: „Die vor uns kamen, haben gepflanzt, und wir konnten ernten. Wir pflanzen nun, damit die nach uns Kommenden ernten können."

In der Gegenwart leben und handeln wir. Zur Zukunft hingezogen zu sein aber ist das Wesen der Phantasie. Die Fähigkeit der Phantasie bringt es mit sich, dass man ein Risiko trägt, den Schritt hinaus in das Unbekannte wagt, die Last des Zweifels auf die Schultern nimmt und doch immer in der Hoffnung lebt, irgendwo eine neue Fähigkeit oder Grenze (die ebenfalls Teil der eigenen Wirklichkeit ist) zu entdecken. Gäbe es keine Neugier der Phantasie, gäbe es keinen Zweifel und keine Angst; ohne Zweifel und Angst jedoch gäbe es keine Entwicklung und keinen Fortschritt und auch keine Selbstfindung des Menschen.

Ein gut angewandtes Leben ist lang.
(Leonardo da Vinci)

Das Geheimnis des Ringfingers

Ein Nachbar kam zu einem weisen Mann und sagte zu ihm: „Ich darf auf eine lange Reise gehen. Gib mir deinen Ring, dann werde ich täglich an dich erinnert werden."

Der Weise antwortete ihm: „Ich habe eine bessere Idee und deshalb behalte ich den Ring selbst: Jeden Tag, wenn du deinen nackten Ringfinger betrachtest, dann wirst du dich automatisch an mich erinnern, da ich meinen Ring selbst behalten habe."

Die Phantasie zu aktivieren, kann sehr hilfreich sein: Zum einen müssen wir nicht alles haben, was wir uns wünschen. Oft reicht es schon, in der Phantasie alles auszukosten. Die Wirklichkeit wird immer dahinter zurückbleiben.

Ein erwachsener Mann erzählt von seiner Kindheitserinnerung: „Als ich zehn Jahre alt war, wünschte ich mir zu Weihnachten eine ganz spezielle Autorennbahn. Schon im Oktober besorgte ich mir umfangreiche Prospekte, die ich täglich anschaute, abends vor dem Zubettgehen blätterte ich immer noch darin herum. Ich spielte in Gedanken ständig mit dieser Bahn, baute im Geiste atemberaubende Rennstrecken, überlegte, welche Autos ich mir wohl wünschen sollte und so weiter. Es war, als hätte die Rennbahn schon in meinem Zimmer gestanden. Ich war voller Vorfreude auf den Weihnachtsabend, um sie endlich ausprobieren zu können. Als dann die letzte Woche vor Weihnachten angebrochen war, wurde mir jedoch der Gedanke an die Rennbahn langweilig und ich sagte meinen Eltern, dass ich mir nun doch etwas anderes wünschte. Meine Eltern konnten es nicht fassen, denn ich hatte wochenlang nur von dieser Autorennbahn gesprochen. Ich erlebte damals das erste Mal bewusst, dass ich einer Sache auch in der Phantasie überdrüssig werden konnte."

Auf der anderen Seite brauchen wir die Phantasie, um in Gedanken etwas auszuprobieren, Varianten durchzuspielen, auch einmal das Verbotene zu denken – und wieder zu lassen. Wir brauchen die Phantasie, um unsere Ziele zu

verwirklichen und unsere Fähigkeiten zum
Blühen zu bringen.

Dialog zwischen zwei Freunden:
„Du, kannst du mir nicht helfen? Was soll ich
bloß meiner Frau zum Geburtstag schenken?"
„Frag halt, was sie sich wünscht!"
„Nein, nein, so viel wollte ich nun auch wieder
nicht ausgeben!"

Die leere Tasse

Eines Tages besuchte eine berühmte und angesehene Professorin zwei große und weise Meister der Kampfkunst.

„Ich bin von weit her gekommen, um Sie zu treffen, denn ich habe gehört, dass Sie ein großer Meister des Zen sind und die Kunst der Leere beherrschen. Ich habe jahrelang eifrig studiert, um den Kern dieser Lehren zu verstehen. Können Sie mir erklären, was Leere bedeutet und wie dies der Welt Frieden bringen kann? Was ist das Geheimnis dieser Leere?"

Der ältere der beiden Meister servierte gerade Tee, als die Professorin sprach. Er schenkte die Tasse der Besucherin voll und schenkte immer weiter ein, bis der Tee über den Rand lief und vom Tisch auf den Fußboden tropfte.

Die Professorin schaute verwundert zu, wie die Tasse überlief, bis sie sich nicht mehr beherrschen konnte. „Die Tasse ist doch voll", rief sie aus, „da geht nichts mehr rein."

„Wie diese Tasse", sagte der Meister, „so ist auch Ihr Geist mit Fragen angefüllt und sucht nach Antworten. Solange Sie Ihre Tasse nicht leer machen, geht nichts mehr hinein. Genauso ist es mit Ihrem Geist: Sie können nichts aufnehmen, solange Sie ihn nicht leer machen."

Diese Geschichte stammt aus der Tradition des Zen und hat – in unzähligen Varianten – schon viele Menschen auf ihrem Weg begleitet. Lassen auch Sie sich davon inspirieren.

Wir müssen innerlich frei sein, wirklich von unseren Eltern abgelöst sein, aber auch verbunden sein mit anderen Menschen, um frei und verantwortlich zu handeln. Um selbst zu entscheiden und die Entscheidungen anderer zu akzeptieren, ohne uns in unserem Selbstwert bedroht zu fühlen. Von Kindheit an lernen wir, wenn es gut geht, uns abzulösen und gleichzeitig in Verbindung zu bleiben: Wenn ein Kind bei Freunden übernachtet, schließlich als erwachsenes Kind das Elternhaus verlässt ... Die letzte Ablösung geschieht schließlich durch den Tod.

Wir können uns auch darauf vorbereiten, indem wir lernen loszulassen.

Du kannst für den nächsten Tag Pläne machen – aber das Los des nächsten Tages kennst du noch nicht.

Der Juwelierladen

In einem Juwelierladen konnten zwei Freunde sich nicht satt an den Edelsteinen sehen. Sie staunten über die Vielfalt der Steine, über ihr Leuchten und Glitzern. Plötzlich aber stutzten sie. Vor ihnen lag ein gewöhnlicher Stein, matt und ohne Glanz. Wie kommt denn der hierher?

Diese Frage hörte der Juwelier und musste lächeln: „Nehmen Sie diesen Stein ein paar Augenblicke in die Hand."

Als der Mann einige Augenblicke später die Handfläche öffnete, strahlte der vorher glanzlose Stein in herrlichen Farben. Wie ist das möglich? Der Fachmann wusste die Antwort: „Das ist ein Opal, ein so genannter sympathetischer Stein. Er braucht nur die Berührung mit einer warmen Hand, und schon zeigt er seine Farben und seinen Glanz. In der Wärme entzündet sich leise und lautlos sein Licht."

Dieser Stein ist ein tiefes Symbol für alles Gutsein und für alles Zarte in unserem Leben. Es gibt so viele Menschen auf der Erde, arm und reich, klein und groß, gebildet und einfach, die alle nur der Berührung einer warmen Hand, eines liebevollen Wortes, einer kleinen Zärtlichkeit, einer wohlwollenden Geste, eines teilnehmenden Blickes, einer helfenden Tat bedürfen, um aufzustrahlen im Licht der Freundlichkeit, um das Wunder der Zuneigung zu erfahren, um hell zu werden im Glanz einer leisen Begegnung.

Diese Geschichte habe ich einem Manager erzählt, nachdem er seine Probleme in Familie und Beruf aufgearbeitet hatte. Er kam zu einer außerordentlich tiefen Sicht: „Der Juwelierladen spiegelt für mich unsere Erde wider und die Edelsteine sind die Menschen mit der Vielfalt ihres Aussehens, ihrer Taten, ihres Auftretens und Erscheinens. Sie sind genauso unterschiedlich wie das Leuchten und Glitzern der Edelsteine.

Unter diesen Menschen ist ab und zu ein ‚gewöhnlicher Mensch', dessen Erscheinung nicht auffällt, der sich vielleicht im Aussehen und Tun zurückhält und das vielleicht aus bestimmten Gründen wie z. B. Krankheit, Trauer, Missmut, oder anderen persönlichen Sorgen.

Viele Leute fragen sich dann, wieso ist derjenige auf dieser Welt, wieso lässt er sich so hängen, wieso ist der nicht wie wir, fröhlich, aufgeweckt und voller Tatkraft?

Da muss erst ein Fachmann, der Juwelier, kommen, in dem ich Gott sehe, der den Menschen sagt: Nehmt diese gewöhnlichen Menschen in die Arme und erfüllt sie mit eurer Wärme, mit Liebe, nicht nur mit materiellen Dingen, damit auch sie in Farbe und Glanz erstrahlen.

In jedem Menschen, auch in einem gewöhnlichen, genauso wie in dem gewöhnlichen Stein, ist etwas Herrliches, das oft nur durch Berührung und Zuneigung erweckt wird. Man muss keine großartigen Dinge vollbringen, der Glaube und Wille hilft bereits. Und wenn jeder einen kleinen Teil dazu beiträgt, kann viel erreicht werden.

Es ist jedoch auch nötig, diese Haltung, Wärme, Zuneigung und Liebe zu spenden, beizubehalten, dies auch immer wieder aktiv zu tun. Denn sonst erlischt der Glanz wieder, genauso wie der Glanz jedes Edelsteins erlischt, wenn man ihn nicht pflegt."

Kleine Taten verändern die Welt.

Eine Seligpreisung auf dem Weg

Selig, die Verständnis zeigen
für meinen stolpernden Fuß
und meine lahme Hand.

Selig, die begreifen, dass mein Ohr
sich anstrengen muss, um alles
aufzunehmen, was man zu mir spricht.

Selig, die zu wissen scheinen,
dass meine Augen trüb und
meine Gedanken träge sind.

Selig, die mit freundlichem Lachen
verweilen,
um ein wenig mit mir zu plaudern.

Selig, die es verstehen,
Erinnerungen an frühere Zeiten in
mir wachzurufen.

Selig, die mich erfahren lassen,
dass ich geliebt, geachtet und
nicht allein gelassen bin.

Selig, die in ihrer Güte die Tage,
die mir noch bleiben,
erleichtern.

(Aus Afrika)

Professor Dr. med. Nossrat Peseschkian,

Facharzt für Psychiatrie, Neurologie, Psychotherapie und Psychotherapeutische Medizin, wurde 1933 im Iran geboren und lebt seit 1954 in Deutschland. Begründer der Positiven Psychotherapie. Gründer und Leiter der Internationalen Akademie für Positive und Transkulturelle Psychotherapie. Zahlreiche Auszeichnungen, u.a. mit dem Bundesverdienstkreuz am Bande (2006). Weitere Informationen unter www.positum.org oder www.peseschkian-stiftung.de
Zahlreiche Veröffentlichungen, bei Herder: Es ist leicht, das leben schwer zu nehmen. Aber schwer, es leicht zu nehmen / Klug ist jeder. Der eine vorher, der andere nachher.